文部科学省後援

実用フランス語技能検定試験

2020 年度版

3 級・4 級・5 級

仏検公式ガイドブック

傾向と対策＋実施問題

フランス語教育振興協会編

公益財団法人フランス語教育振興協会

音声アプリのご利用方法

付属 CD と同じ内容の音声がアプリでお聞きいただけます。

▼

①

パソコン・スマートフォンの QR コード読み取りアプリから下記 URL にアクセスするか、ブラウザから下記 URL を入力し、アクセスします。

https://audiobook.jp/exchange/surugadai

※上記以外の URL からアクセスされますと、音声をご利用いただけません。

▼

②

表示されたページから、audiobook.jp への会員登録ページに進みます。

※音声のダウンロードには、audiobook.jp への会員登録（無料）が必要です。

▼

③

登録後、①のページに再度アクセスし、シリアルコードの入力欄に

90293

を入力して「送信」をクリックします。

▼

④

「ライブラリに追加」のボタンをクリックします。

▼

⑤

スマートフォンの場合はアプリ「audiobook.jp」をインストールしてご利用ください。
パソコンの場合は、「ライブラリ」から音声ファイルをダウンロードしてご利用ください。

ご注意

- ダウンロードには、audiobook.jp への会員登録（無料）が必要です。
- PC からでも、iPhone や Android のスマートフォンからでも音声を再生いただけます。
- 音声は何度でもダウンロード・再生いただくことができます。
- 上記以外の URL からアクセスされますと、音声をご利用いただけません。
  URL の入力間違いにご注意ください。
- 当音声ファイルのデータにかかる著作権・その他の権利は公益財団法人フランス語教育振興協会（駿河台出版社）に帰属します。無断での複製・公衆送信・転載は禁止されています。

ダウンロードについてのお問い合わせ：info@febe.jp（受付時間：平日の 10〜20 時）

ま え が き

21 世紀はグローバル化の時代といわれます。そうであれば今こそ、いっそう多くの日本人が、世界から孤立せず、世界と対話し、平和で豊かな未来を切り拓くためには、さまざまな外国語をマスターしていくべきではないでしょうか。現代は、一言語一文化中心の時代でなく、多言語・多文化の世界でお互いを尊重しながら共生を目指すことが要請されているのですから、英語一辺倒の方針では限界があるのは明らかでしょう。

多言語の中でもとりわけフランス語は、フランスだけでなく、多数の国々や地域で話され、また、国連をはじめとする国際機関で使われている重要な公用語のひとつです。さらに、フランス語は、人類にとって普遍的な価値や独創的な文化を担ってきた言語でもあります。2020 年には東京で、2024 年にはパリで、オリンピック・パラリンピックが開催されますが、第一公用語はフランス語なのです。開会式では、開催国の言語のほかフランス語と英語で出場国が紹介されますが、その際最初に流れるのはフランス語です。また東京オリンピック・パラリンピックには、フランス語圏から多くの選手や関係者それに観光客が訪れます。これを機会にフランス語を勉強し、フランス語でコミュニケーションを試みてはいかがでしょうか。かならずや多くの貴重な体験が得られるはずです。

ビジネスの世界では、フランスの企業が次々に日本に進出してくる一方、日本の企業もフランス語圏に広く展開しています。トヨタ、ユニクロ、無印良品のフランス進出、日産とルノーの提携などはその典型的な例です。いまや英語ができてあたりまえとされるビジネスの世界にあっても、さらにフランス語も使いこなせるとなれば、チャンスがさらに広がることはまちがいないでしょう。他方、フランス語をマスターしてアフリカ諸国で国際協力、援助活動に従事している人も少なくありません。このようにフランス語を学び使いこなせるようになることは、自分の人生をより豊かに生きる道につながっています。

日本の学習者を対象とし、文部科学省とフランス大使館文化部の後援を受けて、1981 年以来実施されている「仏検」は、フランス語を聞き・話し・読み・書く能力をバランスよく客観的に評価する検定試験として、ますます高い評価を受けています。1 級・準 1 級・2 級・準 2 級・3 級・4 級・5 級の 7 段階を合わせて毎年 3 万人弱が受験しています。また、大学の単位認定や編入学試験、大学院入試等に利用されるケースも多くなっています（多数の学生が受験している学校のリストが巻末にありますので、ご参照ください）。

なお、『仏検公式ガイドブック』は 2020 年度版から装いを新たにし、本書では 3 級・4 級・5 級の「傾向と対策」および 2019 年度の実施問題の解説・解答を掲載しています（聞き取り試験の CD が付いています）。

本書の執筆分担は以下のとおりです（* は各級の監修者）。

3 級：松田浩則・川村文重*
4 級：北山研二・北村卓*
5 級：北村卓・林千宏*

また、本書の別冊として、これまでの実施問題を精選して詳細な解説を施した『セレクション』が級毎に刊行されます。フランス語の実力アップと仏検合格のために、2 つの公式ガイドブックをどうぞご活用ください。

2020 年 3 月

公益財団法人　フランス語教育振興協会

目　　次

実用フランス語技能検定試験　実施要領

実用フランス語技能検定試験（仏検）は、年 2 回、春季（1 次試験 6 月・2 次試験 7 月）と秋季（1 次試験 11 月・2 次試験 1 月）に実施しております。ただし、1 級は春季のみ、準 1 級は秋季のみの実施です。

2 次試験は 1 級・準 1 級・2 級・準 2 級の 1 次試験合格者が対象です。なお、隣り合う 2 つの級まで併願が可能です。

また、出願の受付期間は、通常、春季は 4 月から 5 月中旬、秋季は 9 月から 10 月中旬です。

◆ 各級の内容

1 級（春季のみ）	《1 次》	筆記試験（記述式・客観形式併用）	120 分
		書き取り・聞き取り試験	約 40 分
	《2 次》	面接試験	約 9 分
準 1 級（秋季のみ）	《1 次》	筆記試験（記述式・客観形式併用）	100 分
		書き取り・聞き取り試験	約 35 分
	《2 次》	面接試験	約 7 分
2 級	《1 次》	筆記試験（記述式・客観形式併用）	90 分
		書き取り・聞き取り試験	約 35 分
	《2 次》	面接試験	約 5 分
準 2 級	《1 次》	筆記試験（記述式・客観形式併用）	75 分
		書き取り・聞き取り試験	約 25 分
	《2 次》	面接試験	約 5 分
3 級		筆記試験（客観形式・記述式）	60 分
		聞き取り試験	約 15 分
4 級		筆記試験（客観形式）	45 分
		聞き取り試験	約 15 分
5 級		筆記試験（客観形式）	30 分
		聞き取り試験	約 15 分

◆ 受験地（2019 年度秋季）

1 次試験　札幌、弘前、盛岡、仙台、秋田、福島、水戸、宇都宮、群馬、草加、千葉、東京、横浜、新潟、富山、金沢、甲府、松本、岐阜、静岡、三島、名古屋、京都、大阪、西宮、奈良、松江、岡山、広島、高松、松山、福岡、長崎、熊本、別府、宮崎、薩摩川内、宜野湾、パリ

2 次試験　札幌、盛岡、仙台、群馬、東京、新潟、金沢、静岡、名古屋、京都、大阪、松江、岡山、広島、高松、福岡、長崎、熊本、宜野湾、パリ

＊上記の受験地は、季ごとに変更となる可能性があります。また、会場によって実施される級がことなる場合がありますので、くわしくは、最新の仏検受験要項・願書またはAPEF のホームページをご覧ください。

＊最終的な受験地・試験会場の詳細は、受験票の記載をご確認ください。

◆ 出願方法　下記の 2 つの方法からお選びください

1. **インターネット申込**：詳細は APEF のホームページをご覧ください。
2. **郵送申込**：受験要項・願書を入手→検定料納入→願書提出、の順でお手続きください。

＊全国の仏検特約書店・大学生協では願書・要項を配布、あわせて検定料の納入を受け付けております。

＊願書・要項は仏検事務局へ電話・E-mail 等で請求なさるか、APEF ホームページよりダウンロードして入手なさってください。

◆ 合否の判定とその通知

級によりことなりますが、60〜70％の得点率を目安に出題するように努めています。各級の合格基準は、審査委員会がさまざまな条件を総合的に判断して決定しています。

結果通知には合否のほか、合格基準点、合格率とご本人の得点が記載されます。

◆ お問い合わせ先

公益財団法人　フランス語教育振興協会（APEF）　仏検事務局

〒 102-0073　東京都千代田区九段北 181　九段 101 ビル
TEL:　03-3230-1603　　FAX:　03-3239-3157
E-mail: dapf@apefdapf.org
URL:　http://www.apefdapf.org

2019年度仏検受験状況

級（季）	出願者数	1次試験			1次試験免除者数	2次試験		
		受験者数	合格者数	合格率		受験者数	合格者数	最終合格率
1級	638名	528名	68名	12.9%	12名	77名	61名	11.4%
準1級	1,209名	1,083名	259名	23.9%	30名	272名	214名	19.5%
2級（春）	1,446名	1,154名	426名	36.9%	66名	462名	370名	31.1%
（秋）	1,618名	1,414名	533名	37.7%	56名	563名	467名	32.3%
準2級（春）	1,503名	1,288名	800名	62.1%	44名	807名	661名	51.0%
（秋）	1,721名	1,447名	866名	59.8%	115名	948名	809名	52.9%
3級（春）	2,770名	2,196名	1,120名	51.0%				
（秋）	3,399名	2,999名	1,683名	56.1%				
4級（春）	2,017名	1,786名	1,453名	81.4%				
（秋）	3,235名	2,925名	2,192名	74.9%				
5級（春）	1,626名	1,463名	1,224名	83.7%				
（秋）	2,470名	2,284名	2,027名	88.7%				

＊1級は春季のみ、準1級は秋季のみ

3級

3 級の内容と程度

● 程 度

フランス語の文構成についての基本的な学習を一通り終了し、簡単な日常表現を理解し、読み、聞き、書くことができる。

標準学習時間：200 時間以上（大学で、第一外国語としての授業なら 1 年間、第二外国語として週 2 回の授業なら 2 年間の学習に相当）ヨーロッパ言語共通参照枠（CEFR）の A1 にほぼ対応しています。

● 試験内容

読　む	日常的に使われる表現を理解し、簡単な文による長文の内容を理解できる。
書　く	日常生活で使われる簡単な表現や、基本的語句を正しく書くことができる。
聞　く	簡単な会話を聞いて内容を理解できる。
文法知識	基本的文法事項全般。動詞については、直説法、命令法、定型的な条件法現在と接続法現在の範囲。

語彙：約 1,700 語

● 試験形式

1 次試験のみ（100 点）

筆　記	問題数 9 問、配点 70 点。試験時間 60 分。マークシート方式、一部語記入。
聞き取り	問題数 3 問、配点 30 点。試験時間約 15 分（部分書き取り 1 問・10 点を含む）。マークシート方式、一部語記入。

3 級の傾向と対策

5 級と 4 級の試験では、選択肢から解答を選ぶマークシート方式の問題でしたが、3 級からは、それにフランス語を記述する問題がくわわります。フランス語を正しく記述するためには、より正確なフランス語の知識が必要になります。

3 級では「フランス語の文の構成についての基本的な学習を一通り終了し、簡単な日常表現を理解し、読み、書き、聞き、話すことができる」ことが合格基準になります。必要とされる学習時間は標準で 200 時間程度です。たとえば、大学の第一外国語であれば 1 年間を終了した段階で受験が可能です。第二外国語であれば週 2 回程度の授業を 2 年間受講した人が対象になります。ただし、学習時間はあくまでも目安にすぎません。150 時間程度の学習時間でも基礎がしっかりできていれば、3 級を受ける資格は十分にあります。

語彙数は、フランス語の学習辞書の基本単語を構成するおよそ 1700 語が目安となります。辞書によって多少のちがいはありますが、仏和辞典の赤い見出し語にアステリスクがふたつ付いていることが、おおよその基準になります。フランス語教育振興協会編『仏検公式基本語辞典　3 級・4 級・5 級』(朝日出版社)*には、この 1700 語がすべて記載されていますから、おおいに活用してください。

*本文中では『仏検公式基本語辞典』と略記。ページ番号は初版第 3 刷(2015 年）による。

文法については、初級文法の基本的知識全般が出題されます。3 級の段階でとくに難関となるのが、動詞です。まず直説法（現在・単純未来・複合過去・半過去・大過去など）の活用形と基本的な用法をおさえたうえで、命令法、条件法現在、接続法現在、ジェロンディフにも目を配っておきましょう。そのほかにも、基本的な前置詞と代名詞の用法には、習熟しておかねばなりません。

「読む」力としては、初級文法の知識をもとに、日常的に使われる表現を理解し、平易なフランス語で書かれた 15 行程度の説明文や手紙、掲示などの内容を読み取る力が要求されます。

「書く」力では、日常生活で使われる簡単な表現、基本的な動詞の活用形や語句を正しく書くことが求められます。

「聞く」力では、短い文を正確に聞き取る力や、10 行あまりの会話文の内容を理解する能力がためされます。

「話す」力に関しては、面接による 2 次試験がありませんから、実際に試験のなかで「話す」機会はありません。3 級の段階では、筆記試験と聞き取り試験を通して、話すための基礎力がためされるのです。

筆記試験は問題数が 9 問あり、配点は 70 点です。試験時間は 60 分で 4 級より 15 分長くなります。聞き取り試験は問題数が 3 問で、配点は 30 点、試験時間は 15 分です。

問題形式はおおむね 4 級の問題形式を踏襲していますが、筆記試験では新たに、1 の単語の記述、2 の動詞の活用形の記述、9 の会話文の空欄に選択したフランス語の文を入れて完成させる問題がくわわります。聞き取り試験では、1 の部分書き取りの問題がくわわっています。新たにくわわったこれらの問題をきちんとこなすことが 3 級合格の鍵となります。

それでは、これから 3 級の各問題ごとの対策を解説します。練習問題はすべて実際に出題されたものですから、試験のつもりで解いてみましょう。そのあとで解説を読み、解答を確認してください。

解答用紙（雛型）（67%縮小）

2019年度　秋季　実用フランス語技能検定試験（3級）　解答用紙

会　場　名

氏　名

会場コード					
⓪	⓪	⓪	⓪	⓪	⓪
①	①	①	①	①	①
②	②	②	②	②	②
③	③	③	③	③	③
④	④	④	④	④	④
⑤	⑤	⑤	⑤	⑤	⑤
⑥	⑥	⑥	⑥	⑥	⑥
⑦	⑦	⑦	⑦	⑦	⑦
⑧	⑧	⑧	⑧	⑧	⑧
⑨	⑨	⑨	⑨	⑨	⑨

受験番号							
⓪	⓪	⓪	⓪	⓪	⓪	⓪	⓪
①	①	①	①	①	①	①	①
②	②	②	②	②	②	②	②
③	③	③	③	③	③	③	③
④	④	④	④	④	④	④	④
⑤	⑤	⑤	⑤	⑤	⑤	⑤	⑤
⑥	⑥	⑥	⑥	⑥	⑥	⑥	⑥
⑦	⑦	⑦	⑦	⑦	⑦	⑦	⑦
⑧	⑧	⑧	⑧	⑧	⑧	⑧	⑧
⑨	⑨	⑨	⑨	⑨	⑨	⑨	⑨

記入およびマークについての注意事項

1. 解答にはかならずHBまたはBの黒鉛筆（シャープペンシルも可）を使用してください。ボールペンや万年筆等でマークした解答は機械による読み取りの対象とならないため、採点されません。
2. 記入は**太線の枠内**に、マークは◯の中を**正確に塗りつぶしてください**（下記マーク例参照）。
   採点欄は塗りつぶさないでください。
3. 訂正の場合は、プラスチック製消しゴムできれいに消してください。
4. **解答用紙を折り曲げたり、破ったり、汚したりしないでください。**

マーク例

良い例	悪い例
●	◯ ⊗ ◯ ◯ ◐ ◯

筆記

1

解答番号	解答欄	採点欄
(1)		② ⓪
(2)		② ⓪
(3)		② ⓪
(4)		② ⓪

2

解答番号	解答欄	採点欄
(1)		② ⓪
(2)		② ⓪
(3)		② ⓪
(4)		② ⓪
(5)		② ⓪

3

解答番号	解答欄
(1)	① ② ③
(2)	① ② ③
(3)	① ② ③
(4)	① ② ③

4

解答番号	解答欄
(1)	① ② ③ ④ ⑤ ⑥
(2)	① ② ③ ④ ⑤ ⑥
(3)	① ② ③ ④ ⑤ ⑥
(4)	① ② ③ ④ ⑤ ⑥

5

解答番号	解答欄
(1)	① ② ③ ④ ⑤
(2)	① ② ③ ④ ⑤
(3)	① ② ③ ④ ⑤
(4)	① ② ③ ④ ⑤

6

解答番号	解答欄
(1)	① ② ③
(2)	① ② ③
(3)	① ② ③
(4)	① ② ③

7

解答番号	解答欄
(1)	① ② ③ ④ ⑤ ⑥ ⑦ ⑧
(2)	① ② ③ ④ ⑤ ⑥ ⑦ ⑧
(3)	① ② ③ ④ ⑤ ⑥ ⑦ ⑧
(4)	① ② ③ ④ ⑤ ⑥ ⑦ ⑧
(5)	① ② ③ ④ ⑤ ⑥ ⑦ ⑧
(6)	① ② ③ ④ ⑤ ⑥ ⑦ ⑧

8

解答番号	解答欄
(1)	① ②
(2)	① ②
(3)	① ②
(4)	① ②
(5)	① ②
(6)	① ②

9

解答番号	解答欄
(1)	① ② ③ ④ ⑤ ⑥ ⑦
(2)	① ② ③ ④ ⑤ ⑥ ⑦
(3)	① ② ③ ④ ⑤ ⑥ ⑦
(4)	① ② ③ ④ ⑤ ⑥ ⑦

聞き取り

1

解答番号	解答欄	採点欄
(1)		② ⓪
(2)		② ⓪
(3)		② ⓪
(4)		② ⓪
(5)		② ⓪

2

解答番号	解答欄
(1)	① ② ③ ④ ⑤ ⑥ ⑦ ⑧ ⑨
(2)	① ② ③ ④ ⑤ ⑥ ⑦ ⑧ ⑨
(3)	① ② ③ ④ ⑤ ⑥ ⑦ ⑧ ⑨
(4)	① ② ③ ④ ⑤ ⑥ ⑦ ⑧ ⑨
(5)	① ② ③ ④ ⑤ ⑥ ⑦ ⑧ ⑨

3

解答番号	解答欄
(1)	① ②
(2)	① ②
(3)	① ②
(4)	① ②
(5)	① ②

2019年度春季
実用フランス語技能検定試験
試験問題冊子　〈 3 級 〉

問題冊子は試験開始の合図があるまで開いてはいけません。

筆記試験	14 時 45 分 ～ 15 時 45 分 （休憩なし）
聞き取り試験	15 時 45 分から約 15 分間

◇問題冊子は表紙を含め 16 ページ、筆記試験が 9 問題、聞き取り試験が 3 問題です。

注　意　事　項

1　途中退出はいっさい認めません。

2　筆記用具は **HB または B の黒鉛筆**（シャープペンシルも可）を用いてください。ボールペンや万年筆等でマークした解答は機械による読み取りの対象とならないため、採点されません。

3　解答用紙の所定欄に、**受験番号**と**カナ氏名**が印刷されていますから、まちがいがないか、**確認**してください。

4　**マーク式の解答は、解答用紙の解答欄にマークしてください。**たとえば、3 の (1) に対して ③ と解答する場合は、次の例のように解答欄の ③ にマークしてください。

例　3

解答番号	解　答　欄
(1)	① ② ●

5　記述式の解答の場合、正しく判読できない文字で書かれたものは採点の対象となりません。

6　解答に関係のないことを書いた答案は無効にすることがあります。

7　解答用紙を折り曲げたり、破ったり、汚したりしないように注意してください。

8　問題内容に関する質問はいっさい受けつけません。

9　不正行為者はただちに退場、それ以降および来季以後の受験資格を失うことになります。

10　**携帯電話等の電子機器の電源はかならず切って、かばん等にしまってください。**

11　**時計のアラームは使用しないでください。**

12　この試験問題の複製（コピー）を禁じます。また、この試験問題の一部または全部を当協会の許可なく他に伝えたり、漏えいしたりすることを禁じます（インターネットや携帯サイト等に掲載することも含みます）。

筆記試験終了後、休憩なしに聞き取り試験にうつります。

1　次の日本語の表現 (1) ～ (4) に対応するように、(　　) 内に入れるのにもっとも適切なフランス語 (各 1 語) を、**示されている最初の文字とともに**、解答欄に書いてください。(配点　8)

(1)　運がいいね。
Tu as de la (c　　) !

(2)　おいくらですか。
Combien ça (c　　) ?

(3)　ノックしてからお入りください。
(F　　) avant d'entrer, s'il vous plaît.

(4)　もちろんです。
(M　　) oui !

(解説・解答 ▶ p.33)

2 次の対話 (1) ～ (5) の (　　) 内の語を必要な形にして、解答欄に書いてください。(配点　10)

(1) — Désolé. Je suis en retard. Euh... vous êtes en colère ?
— Bien sûr ! Nous (arriver) il y a deux heures, Jean et moi !

(2) — Martine a perdu son match d'hier.
— Mais je (croire) toujours qu'elle est la meilleure.

(3) — On écrit moins de lettres qu'avant.
— Oui, moi aussi, avant, j'(écrire) souvent à mes amis.

(4) — Quand est-ce que tu finiras tes études ?
— Dans trois ans, quand j'(avoir) 23 ans.

(5) — Qu'est-ce que je dois faire ?
— Si j'étais toi, je (partir) tout de suite.

（解説・解答 ▶ p.34）

3　次の (1) ～ (4) の (　　) 内に入れるのにもっとも適切なものを、それぞれ ① ～ ③ のなかから 1 つずつ選び、解答欄のその番号にマークしてください。(配点 8)

(1) Elle dort. Laisse-(　　) tranquille.
① la　　② lui　　③ toi

(2) Elle va quitter le Japon. Tu (　　) savais ?
① en　　② la　　③ le

(3) Je n'ai (　　) ami ici.
① aucun　　② autre　　③ personne

(4) Paul a reçu cette lettre avant-hier. Il (　　) a déjà répondu.
① l'　　② lui　　③ y

(解説・解答 ▶ p.37)

4　次の (1) ～ (4) の (　　) 内に入れるのにもっとも適切なものを、下の ① ～ ⑥ のなかから 1 つずつ選び、解答欄のその番号にマークしてください。ただし、同じものを複数回用いることはできません。(配点　8)

(1) Il a offert sa montre (　　) or à son petit-fils.

(2) Les oiseaux sont partis (　　) le nord.

(3) Les prix changent (　　) les saisons.

(4) Tu peux te servir (　　) mon vélo.

① avant	② chez	③ de
④ en	⑤ selon	⑥ vers

(解説・解答 ▶ p.39)

5

例にならい、次の (1) ～ (4) において、それぞれ ① ～ ⑤ をすべて用いて文を完成したときに、(　　) 内に入るのはどれですか。 ① ～ ⑤ のなかから 1 つずつ選び、解答欄のその番号にマークしてください。(配点　8)

例 ：Je ________ ________ (________) ________ ________ ma fille.

① de　② le　③ parapluie　④ prête　⑤ te

Je __te__ __prête__ (__le__) __parapluie__ __de__ ma fille.

　　⑤　④　②　③　①

となり、⑤ ④ ② ③ ① の順なので、(　　) 内に入るのは ②。

(1) Ça _____ _____ (_____) _____ _____ habite à Paris.

① fait　② frère　③ longtemps　④ mon　⑤ que

(2) Je _____ _____ (_____) _____ _____ les cheveux.

① lavé　② me　③ ne　④ pas　⑤ suis

(3) On _____ _____ (_____) _____ _____ couvert demain.

① ciel　② dit　③ le　④ que　⑤ sera

(4) Tu es _____ _____ (_____) _____ _____ tout seul.

① aller　② petit　③ pour　④ trop　⑤ y

(解説・解答 ▶ p.41)

6　次の (1) ～ (4) の **A** と **B** の対話を完成させてください。**B** の下線部に入れるのにもっとも適切なものを、それぞれ ① ～ ③ のなかから 1 つずつ選び、解答欄のその番号にマークしてください。(配点　8)

(1) **A** : Cette robe, tu la trouves comment ?
B : ____________________
A : C'est vrai ? Alors, je ne l'achète pas.

① C'est vraiment joli.
② Elle ne te va pas très bien.
③ Tu dois la mettre ce soir.

(2) **A** : Est-ce qu'il vous reste des pommes ?
B : ____________________
A : Qu'est-ce que vous avez comme fruits alors ?

① Bien sûr, il en reste beaucoup.
② Désolé, il n'y en a plus.
③ Oui, vous en voulez combien ?

(3) **A** : Il fait doux ce soir. Sortons pour voir les étoiles.
B : ____________________
A : Ce n'est pas possible, il y en a trop !

① Il fait trop froid pour moi.
② Je veux rester à la maison.
③ Tu les connais toutes ?

(4) **A** : Il va bien, ton frère ?
B : ____________________
A : Ah bon ? Je parle de celui qui s'appelle Éric.

① Je n'ai pas de frère mais une sœur.
② Lequel ? J'en ai deux.
③ Oui. Tu le connais bien ?

(解説・解答 ▶ p.42)

7

次の (1) ～ (6) の (　　) 内に入れるのにもっとも適切なものを、下の ① ～ ⑧ のなかから 1 つずつ選び、解答欄のその番号にマークしてください。ただし、同じものを複数回用いることはできません。(配点　6)

(1) Au feu ! Où est la (　　) de ce bâtiment ?

(2) Elle mettait deux morceaux de (　　) dans son café.

(3) Henri a organisé une petite (　　) chez lui pour son anniversaire.

(4) On part. Attachez votre (　　), s'il vous plaît.

(5) Quel temps fera-t-il demain ? Que dit la (　　) ?

(6) Ton adresse est bien 10, (　　) Victor-Hugo ?

① boulevard	② ceinture	③ confiture	④ fête
⑤ météo	⑥ nuage	⑦ sortie	⑧ sucre

(解説・解答 ▶ p.44)

8

次の文章を読み、下の (1) ～ (6) について、文章の内容に一致する場合は解答欄の ① に、一致しない場合は ② にマークしてください。(配点　6)

Jean, 80 ans, va trois jours par semaine à l'école publique de son petit village. Pour quoi faire ? Il y suit des cours avec les enfants. Ensemble, ils lisent, ils chantent, ils font de la peinture... Depuis un an, cette école est ouverte à tous les habitants du village. La vie de Jean a beaucoup changé. Avant, il restait tout seul chez lui toute la journée au lieu de sortir, de parler à ses voisins. Il n'avait plus envie de téléphoner à ses fils, qui habitent très loin. Mais maintenant, grâce à l'école, il est plus actif* et plus joyeux. Il est content de sa nouvelle vie. Les jours où il ne va pas à l'école, il fait des tableaux pour les offrir à ses jeunes camarades. Il espère que ses œuvres leur plairont.

* actif : 活発な

(1)　ジャンは村の学校に毎日通っている。

(2)　ジャンは学校で、子どもたちと読書、合唱、絵画制作にはげんでいる。

(3)　ジャンの通っている学校は1年前から村の人たちに門戸を開いている。

(4)　学校に通う前から、ジャンは近所の人たちとよく話をしていた。

(5)　ジャンは学校に通うことが本当はあまり好きではない。

(6)　ジャンは若いクラスメートたちに贈る絵を描いている。

(解説・解答 ▶ p.46)

9

次の会話を読み、(1) ～ (4) に入れるのにもっとも適切なものを、下の ① ～ ⑦ のなかから 1 つずつ選び、解答欄のその番号にマークしてください。ただし、同じものを複数回用いることはできません。なお、① ～ ⑦ では、文頭にくるものも小文字にしてあります。(配点 8)

Alice : Qu'est-ce que tu fais ? Tes devoirs ?
Léna : Non, je lis mon horoscope*.
Alice : Ton horoscope ! Il est bon ? (1) ?
Léna : Pas de problème ni en santé ni en amour.
Alice : Tout va bien alors ?
Léna : (2). Car je dois faire attention aux accidents. Et maintenant regardons le tien. (3) ?
Alice : En mars. Mais arrête ! (4) de le chercher. Je ne veux pas savoir mon avenir.

* horoscope : (星占いの) 運勢

① à quoi penses-tu

② ce n'est pas la peine

③ il est important

④ pas tout à fait

⑤ qu'est-ce qu'il dit

⑥ tant mieux

⑦ tu es née quand

（解説・解答 ▶ p.47）

聞き取り試験問題

（部分的な書き取りを含む）

聞き取り試験時間は、 15時45分から約15分間

注意事項

1　聞き取り試験は、CD・テープでおこないますので、CD・テープの指示にしたがってください。

2　解答はすべて筆記試験と同じ解答用紙の解答欄に、**HBまたはBの黒鉛筆**（シャープペンシルも可）で記入またはマークしてください。ボールペンや万年筆等でマークした解答は機械による読み取りの対象とならないため、採点されません。

1

タクシーの運転手 (chauffeur) とローラの会話を聞いてください。

- 1 回目は全体を通して読みます。
- 2 回目は、ポーズをおいて読みますから、(1) ～ (5) の部分を解答欄に書き取ってください。それぞれの (　　) 内に入るのは 1 語とはかぎりません。
- 最後 (3 回目) に、もう 1 回全体を通して読みます。
- 読み終えてから 60 秒、見なおす時間があります。
- 数を記入する場合は、算用数字で書いてください。

(メモは自由にとってかまいません) (配点　10)

[音声を聞く順番]　01 → 02 → 01

Le chauffeur : Bonjour, vous allez où ?

Laura : À la gare, s'il vous plaît. Ça (1) combien de temps ? Je suis (2).

Le chauffeur : Vous prenez le (3) de quelle heure ?

Laura : De quatre heures.

Le chauffeur : Dans ce cas-là, ça va. Il est seulement trois heures et demie. Et on y (4) dans dix minutes. Vous partez en vacances ?

Laura : Oui, pour (5).

Le chauffeur : C'est bien, ça !

(解説・解答 ▶ p.50)

2

- フランス語の文 (1) ～ (5) を、それぞれ3回ずつ聞いてください。
- それぞれの文にもっともふさわしい絵を、下の ① ～ ⑨ のなかから1つずつ選び、解答欄のその番号にマークしてください。ただし、同じものを複数回用いることはできません。

（メモは自由にとってかまいません）（配点　10）

［音声を聞く順番］ 03 → 04

(1)

(2)

(3)

(4)

(5)

①

②

③

④

⑤

⑥

⑦

⑧

⑨

（解説・解答 ▶ p.52）

3

- エリーズとリュックの会話を 3 回聞いてください。
- 次の (1) ～ (5) について、会話の内容に一致する場合は解答欄の ① に、一致しない場合は ② にマークしてください。

　(メモは自由にとってかまいません) (配点　10)

[音声を聞く順番]　05 → 06 → 07

(1)　エリーズとリュックはもっと大きいテーブルが必要だと感じている。

(2)　エリーズとリュックは丸いテーブルがいいと考えている。

(3)　新しい店は車で 1 時間のところにある。

(4)　新しい店は土曜日には 19 時まで開いている。

(5)　エリーズとリュックは土曜日の昼食前に店へ行く予定である。

(解説・解答 ▶ p.53)

2019年度春季3級

今季の出願者数は2,770名（うち受験者は2,196名）でした。合格者数は1,120名、対実受験者合格率は51%でした。平均点は55点（筆記得点率53%、聞き取り得点率61%）、合格基準点は55点でした。

出題内容のあらまし

[筆記]

1 語彙（記述）
2 動詞活用（対話文・記述）
3 代名詞（穴うめ・選択）
4 前置詞（穴うめ・選択）
5 語順（語の並べかえによる仏文完成）
6 対話文（仏文選択）
7 短文（穴うめ・選択）
8 説明文（内容一致・和文選択）
9 会話文（穴うめ・仏文選択）

[聞き取り]

1 会話文の部分書き取り（穴うめ・記述）
2 短文聞き取り（仏文に一致する絵の選択）
3 会話文聞き取り（内容一致・和文選択）

筆記試験

解説・解答

1　**解説**　日常的な慣用表現で使われている単語を記述する問題です。

(1)「運がいいね」は Tu as de la (chance) ! となります。動詞 avoir を使った成句的な表現ということもあったのか、得点率は高く、80%に達しました。ところで、Tu as de la chance. を否定文にしたらどうなるでしょう。de la が部分冠詞で、かつ chance が動詞 avoir の直接目的語ですので、Tu n'as pas de chance. となります。部分冠詞 de la が de と変化するということを再度確認しておいてください。いいチャンスですので、avoir を使った成句的な表現を以下にまとめておきます。ぜひ確認してみてください。avoir chaud「暑さを感じる」、avoir froid「寒さを感じる」、avoir faim「空腹である」、avoir soif「のどがかわいている」、avoir sommeil「眠い」、avoir honte「はずかしい」、avoir peur「こわい」、avoir mal「痛い」、avoir du courage「勇気がある」、avoir de la fièvre「熱がある」、avoir du goût「センスがいい」。

(2)「おいくらですか」は Combien ça (coûte) ? となります。日常よく使われる基本的な表現ですが、得点率は 37%にとどまりました。アクサンのない coute も正解としました。値段を尋ねる場合の表現は Combien ça coûte ? 以外にもいくつか考えられます。Combien ? だけでも十分に通じますし、C'est combien ? や Combien vous dois-je ? (Combien je vous dois ?) もあります。また、いくつか買い物をしたときなど、全部でいくらになるかを尋ねる場合には Ça fait combien ? が使われます。

(3)「ノックしてからお入りください」は (Frappez) avant d'entrer, s'il vous plaît. となります。得点率はきわめて低く、12%にとどまりました。*Flappez*、*Frappe*、*Faites*、*Faitez* などの誤答が数多く見られました。この表現はよくドアの上などに書かれていたりするのを見かけますが、このような動詞の命令法を使った掲示はほかにもたくさんあります。たとえば、今回の問題に似ているものとしては、Sonnez avant d'entrer.「入る前にチャイムを鳴らしてください」がありますし、また逆にEntrez sans sonner.「チャイムを鳴らさずにお入りください」という掲示も同様によく見かけます。またドアノブのところには、Poussez.「押してください」やTirez.「引いてください」という表現をよく見かけます。

(**4**)「もちろんです」は(Mais) oui !となります。得点率は思いのほか低く、39%にとどまりました。*Moi*、*Merci*、*Mon*、*Mes*、*Mieux*、*Monsieur*など、さまざまな誤答が見られました。気をつけなければならないのは、ここのMaisは、たとえば、Elle est intelligente, **mais** froide.「彼女は頭はいいが冷たい」やIls n'ont pas deux enfants, **mais** trois.「彼らには2人ではなく3人子どもがいる」のような文に見られる接続詞としてのmaisではなく、副詞としてのmaisだということです。副詞のmaisというと、あまり聞きなれないかもしれませんが、たとえば、Tu viens avec moi ?「君もぼくといっしょに来るかい」— **Mais** non !「とんでもない」とか、Je peux me mettre ici ?「ここにすわってもいいですか」— **Mais** bien sûr.「もちろんです」のように、oui、non、si、bien sûrなどの返答を強調するときに使われたり、**Mais** qu'avez-vous donc ?「いったいどうしたんですか」のように、驚きやいらだちを表現するときにも使われます。接続詞としてのmaisは「しかし」、「だが」、「そうではなく」と訳されることが多く、副詞としてのmaisは「まったく」、「もちろん」「いったい」と訳されることが多いと覚えておくのも一種の便法かと思います。

この問題の平均得点率は42%でした。

解答　(1) chance　(2) coûte（coute も可）
(3) Frappez　(4) Mais

2　**解説**　フランス語の応答文を読み、意味をとらえて動詞の法と時制をきめ、その活用を記述する問題です。

(**1**) — Désolé. Je suis en retard. Euh... vous êtes en colère ?「ごめん、遅刻してしまって。えーと、2人ともおこっているかな」— Bien sûr ! Nous (sommes arrivés) il y a deux heures, Jean et moi !「あたりまえじゃないか。

ジャンとぼくは2時間も前に着いていたんだぞ」となります。Jean et moi「ジャンと私」が il y a deux heures「2時間前」に約束の場所に先に着いて、遅れてやって来る男性を待っていたという状況です。こうした点をすべて考慮するなら、動詞 arriver を複合過去形にしなければならないという判断ができたはずです。ところで、arriver は être を助動詞とする自動詞ですので、arriver の過去分詞 arrivé は主語に性数一致させなければなりません。Jean が男性であることは明らかですので、moi「私」が男性であれ女性であれ、主語 Nous を男性複数とみなして、過去分詞の arrivé を変形させる必要があります。性数一致を忘れてしまった *sommes arrivé*、Nous を女性複数と誤ってしまった *sommes arrivées*、arriver の助動詞を avoir と誤ってしまった *avons arrivé* などの誤答がめだちました。得点率は27％でした。

(**2**)　— Martine a perdu son match d'hier.「マルチーヌは昨日の試合に負けてしまったね」— Mais je (crois) toujours qu'elle est la meilleure.「でもぼくは彼女が一番だと今でも思っているけどね」となります。得点率は56％でした。Martine a perdu son match d'hier. という最初の文の時制は複合過去ですが、それに応える文をよく見てみると、従属節は elle est la meilleure「彼女は一番だ」と直説法現在になっていますし、主節の動詞 croire のあとには toujours「あいかわらず」がありますので、昨日の敗戦は je の思いをすこしもゆるがすことがなかったと判断することができます。こうしたことから croire を直説法現在に活用させなければならないことがわかります。

(**3**)　— On écrit moins de lettres qu'avant.「以前とくらべて、みな手紙を書かなくなったね」— Oui, moi aussi, avant, j'(écrivais) souvent à mes amis.「そうだね、私も以前は友だちにしばしば手紙を書いていたんだけれど」となります。最初の文で、以前とくらべて、現在、手紙を書かなくなったという状況の認識が直説法現在で語られています。それを受けた2番目の文は、以前、自分もまた手紙を書いていたことを語っています。つまり、現在もう失われてしまった過去の習慣を問題にしているわけですので、écrire は直説法半過去形で活用させなければなりません。*ai écrit* や *écrirais* などの誤答が多数見られました。得点率はきわめて低く20％でした。ここで問われているのは直説法半過去のきわめて基本的な用法です。以下の用例を参考に理解を深めておいてください。Avant, mon père **travaillait** à Osaka, maintenant il travaille à Fukuoka.「以前、父は大阪で働いていましたが、今は福岡で働いています」、Quand j'**habitais** à Paris, je **me promenais** souvent dans ce jardin.「パリに住んでいたとき、私はしばしばその公園を散歩したものです」。

(**4**) — Quand est-ce que tu finiras tes études ?「君はいつ卒業するの」— Dans trois ans, quand j'(aurai) 23 ans.「3年後、23歳のときです」となります。得点率は37%でした。最初の文でQuand est-ce que tu **finiras** tes études ?と、単純未来形で「君」の卒業時期（勉強を終える時期）が尋ねられています。ここでは未来のある時期のことが問題になっているために単純未来形が使われたわけです。2番目の文は、まずDans trois ans「3年後」、とこれまた未来の時期を指したあとで、その「3年後」がどのような時期なのかをより具体的に説明しようとしているわけです。ですから、ここでもquand j'**aurai** 23 ans「私が23歳になっているとき」と単純未来形にならなければなりません。またquand j'**aurai eu** 23 ansとavoirを前未来形に活用させた場合も正解とします。前未来形は未来のある時点までに完了している行為を表すときに使われますが、ここで前未来形にすると、「私が23歳になってしまっているとき」というように、「23歳である」という状態よりも、「23歳になった」という完了のほうに重きがおかれた表現になります。

(**5**) — Qu'est-ce que je dois faire ?「どうしたらいいだろう」— Si j'étais toi, je (partirais) tout de suite.「私だったら、すぐに出発するでしょう」となります。得点率は35%でした。2番目の文の前半部Si j'**étais** toiは、直訳すれば「もし私があなただったら」というような意味になりますが、現在において実現可能性のない仮定が直説法半過去を使って述べられています。ですから、主節ではそれにもとづく現在もしくは未来の帰結を、条件法現在を使って述べなければなりません。条件法現在の使い方に慣れていなかったせいか、*partrais*、*parte*、*suis parti*のような誤答が多く見られました。以下に用例を示しておきますので、**「Si ＋直説法半過去、条件法現在」**という基本のパターンをもう一度確認してください。**Si** elle **venait** me voir demain, nous **irions** ensemble au cinéma.「明日、もし彼女が私に会いに来たら、いっしょに映画に行くのだけどなあ」、**Si** tu lui **expliquais**, elle **comprendrait** peut-être.「もし君が彼女に説明してくれたら、もしかしたらわかってくれるかもしれないのに」。

この問題の平均得点率は35％でした。

解答 （1） sommes arrivés （2） crois （3） écrivais
（4） aurai（aurai eu も可） （5） partirais

3 **解説** 適切な代名詞を選ぶ問題です。

（1） Elle dort. Laisse-(la) tranquille.「彼女は眠っているので、そっとしておいて」となります。Laisse-(la) tranquille. は命令文ですが、ここでは、まずlaisserがどのように目的語や補語をとっているのかを確認することから見ていきましょう。たとえば、Il a laissé son parapluie dans l’autobus.「彼はバスのなかにかさを置き忘れた」という文では、son parapluie は laisser の直接目的語になっていて、文の基本的な構造は「主語＋動詞＋直接目的語」です（英語式に考えれば、第3文型ということになります）。ところが、たとえば、Il a laissé la porte ouverte.「彼はドアを開けたままにしておいた」は前の文型とはちがって、「主語＋動詞＋直接目的語＋目的格補語」となります（同じように英語式に考えれば、第5文型ですね）。この文型では、目的格補語（ここでは ouverte）は直接目的語（ここでは la porte）と性数一致しなければなりません。問題文の Laisse-(la) tranquille. をあらためて見てみると、主語がはぶかれて命令文になっていて、代名詞の形になった直接目的語がトレデュニオン（-）で結ばれて動詞のうしろに来ていることがわかります。また、文末に tranquille があるので、これが目的格補語ではないかと推測することができます。ちなみに、tranquille は男女同形のため、これだけ見ても男性か女性かは判断できませんが、la「彼女を」と性数一致していますので女性形です。② lui は直接目的語にはなれませんので不適切です。③ toi は肯定命令文のなかで直接目的語になることはできますが、ここで toi を入れても、状況に適合した文にはなりませんので、これも不適切です。ということで、正答は① la になります。得点率は37％でした。

（2） Elle va quitter le Japon. Tu (le) savais ?「彼女は近いうちに日本を去るけれど、君はそのことを知っていましたか」となります。（　　　）内に入るのは、動詞 savoir「知っている」の直接目的語です。① en を中性代名詞と考えた場合、なんとなく入ってしまうように思われてしまうかもしれませんが、前文のElle va quitter le Japon.のなかに、enの内容を示すものはなにもありません。ということで、① enは不適切です。② laはどうでしょう。laを人称代名詞と考えた場合、laを「彼女を」と考えることもできそうですが、これはできません。なぜなら、savoirは人や場所を直接目的語にはとらないのが原則だからです。たとえば、Tu connais M.Vincent ?「君はヴァンサン氏を知っていますか」とは言えても、*Tu sais M. Vincent ?*とは言えないからです。つまり、*Tu la savais ?*はフランス語としてまちがっていますし、したがって、「君は彼女のことを知っていましたか」とはなりません。ということで② laは不適切です。ちなみに、savoirが人を直接目的語にとる場合は、たとえば、Je ne la savais pas si méchante.「私は彼女がそんなに意地悪だとは知らなかった」のような文においてです（上の(1)で言及した、「主語＋動詞＋直接目的語＋目的格補語」の文型ですね）。③ leは人称代名詞ではなく中性代名詞です。もしこのleを人称代名詞と考えた場合、何を受けているかと考えたなら、前文にあるle Japonしか可能性はありませんが、上に書きましたように、savoirは場所を直接目的語にはとらないという原則に反しますので、このleは人称代名詞ではなく、中性代名詞だということがわかるはずです。この中性代名詞leは前文全体、つまりElle va quitter le Japon.「彼女は近いうちに日本を去る」ということを受けています。ということで、③ leが正答です。得点率は57%でした。

(3) Je n'ai (aucun) ami ici.「私はここに友だちがひとりもいません」となります。② autreは不定代名詞のときと形容詞のときとありますが、どちらにしても、（　　　）のなかにautreを入れた場合、否定文が完結しませんので不適切です。③ personneはどうでしょう。personneは名詞ですので、（　　　）のうしろの名詞amiとぶつかってしまいますし、ここでも否定文が完結しませんので不適切です。① aucunは不定形容詞と不定代名詞の用法がありますが、ここは先ほども指摘したように名詞amiが（　　　）のうしろにありますので、「どんな〜もない」を意味する不定形容詞と考えなければなりません。（　　　）のなかにaucunが入ることで、否定文が完結しますので① aucunが正答です。得点率は38%でした。ちなみにaucunは不定形容詞ですので、amiと性数一致しています。以下、aucun、aucuneを使った例文をあげておきますので、参考にしてください。Je n'ai **aucun** talent.「私には才能がまったくない」、Elle n'a **aucune** amie.「彼女には女性の友だちがひとりもいない」、Cela n'a **aucune** importance.「それは全然重要ではない」。

(4)　Paul a reçu cette lettre avant-hier. Il (y) a déjà répondu.「ポールは一昨日その手紙を受け取りましたが、もうそれに返事を書きました」となります。動詞 répondre は一般的に〈répondre à ＋人・物〉の形で「(人・物) に返事する」という意味になります。たとえば、Il a répondu à cette question.「彼はその質問に答えた」、Je vais répondre franchement à Paul.「私はポールに率直に答えるつもりです」のようになります。さて、① l' は上で示した〈à ＋人〉、〈à ＋物〉のいずれかを代名詞で受けたとは考えられません。なぜなら l' は直接目的語と考えられるからです。そして、l' が直接目的語のとき、過去分詞の répondu は l' の性数に一致するはずですから、l' は男性単数ということになります。ところが、前の文に男性単数の名詞は Paul しかありませんが、(　　　) のなかに Paul を受ける直接目的語が入ることは考えられませんので (なぜなら2番目の文の主語 Il は Paul ですので)、① l' が不適切であることがわかります。② lui は間接目的語とすると、「彼に」とか「彼女に」といった意味になるはずですが、それに対応する人物は前文のなかにはいませんので、これも不適切です。③ y は上で示した〈à ＋物〉を受けることができますので、これが正答になります。つまり、Il a déjà répondu à cette lettre.「彼はもうその手紙に返事を書きました」の à cette lettre を中性代名詞 y で受けたと推定されます。得点率は48％でした。

この問題の平均得点率は45％でした。

解答　(1) ①　　(2) ③　　(3) ①　　(4) ③

4　解説　適切な前置詞を選ぶ問題です。

(1)　Il a offert sa montre (en) or à son petit-fils.「彼は孫に自分の金時計をプレゼントした」となります。ここでは材質・構成要素を表す en の用法が問われています。この用法の en は、たとえば、**En** quoi est la chaise ?「いすは何でできていますか」— Elle est **en** bois.「木でできています」、C'est une maison **en** briques.「それはレンガ造りの家です」のように使います。

ちなみに、金時計は une montre **en** or とも une montre **d'or** とも言いますが、選択肢の中に d'がありませんので、正答は④ en となります。得点率は 24%でした。

(2) Les oiseaux sont partis (vers) le nord.「鳥たちは北の方角に飛び立った」となります。le nord が方角の「北」を意味することさえわかれば、比較的容易に正答がみちびき出されたものと思います。les oiseaux「鳥たち」がどこに向かったか、その方角を表す前置詞は⑥ vers しかありません。得点率は 53%でした。

(3) Les prix changent (selon) les saisons.「値段は季節によって変動する」となります。価格の変動と季節とを関連づけることのできる前置詞は⑤ selon しかありませんので、これが正答になります。得点率は 31%でした。ここで selon は「〜に応じて、〜しだいで」の意味で使われていますが、同じような意味で使われている次のような用例も確認しておいてください。Les prix ne sont pas les mêmes **selon** les magasins.「価格は店によって同じではない」(『仏検公式基本語辞典』、p.257)、C'est différent **selon** les cas.「それは場合によって異なります」、Les coutumes varient **selon** les pays.「習慣は国によって変わります」。

(4) Tu peux te servir (de) mon vélo.「ぼくの自転車を使ってもいいよ」となります。ここでは代名動詞の成句的な表現〈se servir de＋名詞〉(〜を利用する)を知っていたかどうかが正答をみちびけるかどうかの鍵になったはずです。正答は③ de です。得点率は 48%でした。これは使用頻度の高い表現のうちのひとつですので、確実に覚えておいてください。Mon père **se sert de** sa voiture pour aller au bureau.「父はマイカー出勤をしている」、Elle ne **s'est** pas **servie de** son vélo depuis un mois.「彼女は 1 か月前から自転車を使っていない」のように使います。得点率は 48%でした

この問題の平均得点率は 39%でした。

解答　(1) ④　(2) ⑥　(3) ⑤　(4) ③

5 解説 5つの単語を並べかえて文を完成させる問題です。

(1) 主語がÇaであることを念頭に、文の構造を考えていきましょう。選択肢のなかに動詞は① faitしかありませんので、文がÇa fait ~とつづいていくことは容易に見てとれるはずです。またhabite à Paris「パリに住んでいる」の主語になることのできる名詞が選択肢のなかにないかどうか見てみると、②と④を組み合わせたmon frèreであることもすぐにわかるはずです。ここで、残った選択肢の③ longtempsと⑤ queを見て、〈Ça [Cela] fait＋期間＋que＋主語＋動詞（直説法)〉「～が～して、～の時間が経っている」という成句的な表現を思い出すことができればしめたものです。以上から、Ça fait longtemps (que) mon frère habite à Paris.「私の兄（弟）がパリに住んで長い時間がたった」という文が完成します。正答は⑤ queになります。得点率は82%でした。同じような表現を以下に書いておきますので、参考にしてください。Ça fait longtemps que vous habitez ici ?「あなたはここに長くお住まいなのですか」(『仏検公式基本語辞典』、p.113)、Ça fait deux heures qu'elle est partie.「彼女が出かけてから2時間になる」、また、ça [cela] faitの代わりにil y aを使うこともできます。Il y a longtemps que je ne vous ai pas vu.「しばらくお会いしていませんね」。

(2) ここでも主語がJeであることを念頭に、文の構造を考えていきましょう。選択肢のなかで動詞は何かと見てみると、① lavéと⑤ suisが目に飛びこんできます。また② meもありますので、この段階で代名動詞se laverが動詞ではないかと推測できなければなりません。また時制が複合過去、さらに③ neと④ pasがあるので、否定文であることも考慮に入れなければなりません。とくに、代名動詞の複合過去の時制でpasをどこに置くのかという点には注意が必要です。pasは過去分詞lavéの前に置かれます。以上から、Je ne me (suis) pas lavé les cheveux.「私は洗髪しなかった」という文が完成します。正答は⑤ suisになります。得点率は75%でした。ちなみにこの文でmeは間接目的語ですので、Jeが男にせよ女にせよ、過去分詞lavéは変化しないという点も確認してください。以下の例を参考に、過去分詞の変化を確認しておいてください。Elle s'est **lavée**.「彼女は体を洗った」(s'(se)は直接目的語)、Elle s'est **lavé** les mains.「彼女は手を洗った」(s'(se)は間

接目的語、les mains が直接目的語）。

(3) 主語は On です。これにつづく動詞はなんでしょう。選択肢のなかで可能性のあるのは② dit と⑤ sera ですが、On sera... としてしまうと、このあとがつづきません。On dit とし、さらに④ que をつないで、On dit que とすると文の構造が見えてきます。que 以下の従属節の構造は容易にわかるはずです。主語になるのは① ciel と③ le を組み合わせた le ciel、動詞は être の単純未来形⑤ sera になります。以上から、On dit que (le) ciel sera couvert demain.「明日は曇りになるそうだ」という文が完成します。正答は③ le になります。得点率は 63％でした。

(4) 主語と動詞 Tu es があたえられていますので、その次に何がつづくのかを考えてみましょう。選択肢のなかで主格補語になることができるのは② petit だけです。ただし、③ pour と④ trop が選択肢のなかにありますので、〈trop ＋形容詞＋ pour ＋不定詞〉「あまりにも～すぎて～できない」という成句的な表現が問われているのではないかと推測することができそうです。以上から、Tu es trop petit (pour) y aller tout seul.「君は小さすぎて、そこにひとりで行くことはできない」となります。中性代名詞の⑤ y は① aller の直前に入れます。正答は③ pour になります。得点率は 69％でした。

この問題の平均得点率は 72％でした。

解答　(1) ⑤　(2) ⑤　(3) ③　(4) ③

6　**解説** 適切な文を選択して対話を完成させる問題です。

(1) **A** が Cette robe, tu la trouves comment ?「このドレス、どう思う」と言ったのに対し、**B** が何か言ったあと、**A** が C'est vrai ? Alors, je ne l'achète pas.「ほんとう、じゃあ、買うのはやめるわ」と応じています。**A** の 2 つ目のせりふから、**B** が **A** にドレスが **A** には似合わないと言ったのではないかと推定されます。選択肢は① C'est vraiment joli.「それはほんとうにきれいね」、② Elle ne te va pas très bien.「それはあなたにあまり似合わないわね」、③ Tu dois la mettre ce soir.「あなたは今晩それを着なければならないわね」

となっています。状況に合致するのは②だけですので、これが正答になります。得点率は74%でした。②で使われている動詞 aller はここでは〈aller à＋人〉で「〜に似合う」という意味で使われています。

(**2**) **A** が Est-ce qu'il vous reste des pommes ?「まだリンゴは残っていますか」と言ったのに対し、**B** が何か言ったあと、**A** が Qu'est-ce que vous avez comme fruits alors ?「じゃあ、どんな果物ならありますか」と尋ねています。**A** の2つ目のせりふから、**B** はリンゴはもうないと答えたと推定されます。選択肢は① Bien sûr, il en reste beaucoup.「もちろん、たくさん残っています」、② Désolé, il n'y en a plus.「残念ですが、もうありません」、③ Oui, vous en voulez combien ?「ええ、どれぐらいお望みですか」となっています。状況に合致しているのは②だけですので、これが正答になります。得点率は71%でした。

(**3**) **A** が Il fait doux ce soir. Sortons pour voir les étoiles.「今夜は気持ちのいい天気だから、外に出て星でも見ようか」と言ったのに対し、**B** が何か言ったあと、**A** が Ce n'est pas possible, il y en a trop.「それは無理だよ、たくさんありすぎるから」と答えています。**A** の2つ目のせりふから、**B** がなにか不可能なことを言ったと推定されます。選択肢は① Il fait trop froid pour moi.「私にとっては寒すぎるわ」、② Je veux rester à la maison.「私はこのまま家にいたいわ」、③ Tu les connais toutes ?「あなたはそれらをみんな知っているの」となっています。状況に合致しているのは③だけですので、これが正答になります。得点率は42%でした。**A** の2番目のせりふのなかの il y en a trop の en も、③ Tu les connais toutes ? の les もともに étoiles を受けています。

(**4**) **A** が Il va bien, ton frère ?「お兄さんは元気ですか」と言ったのに対し、**B** が何か言った後、**A** が Ah bon ? Je parle de celui qui s'appelle Éric.「ああ、そうなんですか。私が言っているのは、エリックという名のお兄さんの方です」と答えています。**A** の2つ目のせりふから、**B** にはエリック以外のお兄さん（男兄弟）がいることが推定されます。選択肢は① Je n'ai pas de frère mais une sœur.「私には姉ならひとりいますが、兄はいません」、② Lequel ? J'en ai deux.「どちらの方ですか。私には兄が2人いるのです」、③ Oui. Tu le connais bien ?「ええ。彼のことをよく知っているのですか」となっています。状況に合致しているのは②だけですので、これが正答になります。得点率は55%でした。

この問題の平均得点率は60%でした。

解答　(1) ②　(2) ②　(3) ③　(4) ②

7

解説、各文の（　　）に入れるべき適切な単語を選択する問題です。

(1) Au feu ! Où est la (　　) de ce bâtiment ?「火事だ！　この建物の（　　）はどこだ」となっています。（　　）の直前に定冠詞 la がありますので、女性名詞で、かつ火から逃れることを可能にするものを選択肢のなかから選ばなければなりません。この条件にあてはまるのは、⑦ sortie 女「出口」になります。得点率は41%にとどまりました。ついでですので、Au feu !「火事だ！」以外にも、Au voleur !「どろぼうだ！」Au secours !「助けて！」もいっしょに覚えておきましょう。ちなみに、une sortie de secours で「非常口」の意味になります。

(2) Elle mettait deux morceaux de (　　) dans son café.「彼女はコーヒーに2つ（　　）をいれるのが常だった」となっています。（　　）の前に deux morceaux de とありますので、あまり大きくない固形物で、コーヒーに入れて飲むものを選択肢のなかから選ばなければなりません。この条件にあてはまるのは、⑧ sucre 男「砂糖」しかありません。得点率は68%でした。

(3) Henri a organisé une petite (　　) chez lui pour son anniversaire.「アンリは自分の誕生日のために自宅でのちょっとした（　　）を計画した」となっています。（　　）の前に une petite がありますので、女性名詞で、かつ誕生日のためにおこなわれるものを選択肢のなかから選ばなければなりません。この条件にあてはまるのは、④ fête 女「パーティー」になります。得点率は62%でした。

(4) On part. Attachez votre (　　　), s'il vous plaît.「出発するよ。あなたの（　　　）を締めてください」となっています。（　　　）の前にあるvotreだけでは（　　　）のなかに入るのが男性名詞か女性名詞かはわかりません。しかし、出発するときにattacher「締める、結びつける」ものは何かと考えると、すこしはわかりやすくなったかもしれません。条件にあてはまるものは② ceinture [女]「ベルト、帯」しかありません。得点率はきわめて低く28%でした。attacherやceintureなどの語を知らなかったのが原因と思われます。車などの「安全ベルト」のことはune ceinture de sécuritéといいます。これもいっしょに覚えておきましょう。

(5) Quel temps fera-t-il demain ? Que dit la (　　　) ?「明日はどんな天気になりそう。（　　　）は何て言ってる」となっています。（　　　）の前にlaがありますので、女性名詞で、かつ、明日の天気を予想してくれるものを選択肢のなかから選ばなければなりません。この条件にあてはまるものは、⑤ météo [女]「天気予報」になります。得点率は42%でした。météoはmétéorologieの略語です。

(6) Ton adresse est bien 10, (　　　) Victor-Hugo ?「君の住所はヴィクトール＝ユゴー（　　　）10番地でまちがいないかい」となっています。主語がTon adresse「君の住所」ですので、（　　　）に入る単語も住所に関わるものでなければなりませんが、条件にあてはまるものは、① boulevard「大通り」しかありません。得点率は53%でした。Victor Hugoはもちろんフランスを代表する大作家のうちの一人ですが、作家の名前を表すときはVictorとHugoの間に「-」は入りません。通りや広場の名前などで使われるときにかぎってVictor-Hugoとなります。

正解とならなかった選択肢は、③ confiture [女]「ジャム」と⑥ nuage [男]「雲」です。

この問題の平均得点率は49%でした。

解答　(1) ⑦　(2) ⑧　(3) ④　(4) ②　(5) ⑤　(6) ①

8 **解説** 長文の内容を読み取る問題です。

自分の村の学校に通い始めた80歳のジャンのことが語られています。ポイントをきちんとおさえながら、正確に読み解いていきましょう。

まず本文に出てくる単語と表現を見ておきます。
trois jours par semaine「1週間につき3日」、école publique 女「公立の学校」、village 男「村」、Pour quoi faire ?「何のために」、suit (suivre)「(授業・講義を）受ける」直説法現在、cours 男「授業」、ensemble「いっしょに」、lisent (lire)「読む」直説法現在、font (faire) de la peinture「絵を描く」、depuis un an「1年前から」、ouvert, *e*「開かれている」、habitant 男「住民」、avant「以前は」、restait (rester)「とどまる」直説法半過去、tout seul「たったひとりで」、chez lui「彼（自分）の家に」、toute la journée「1日中」、au lieu de「〜するかわりに」、voisin 男「隣人」、envie 女「欲望」、fils 男「息子」、loin「遠くに」、maintenant「今は」、grâce à「〜のおかげで」、actif, *ve*「活発な」、joyeux, *se*「楽し気に」、content, *e* de「〜に満足している」、nouveau, nouvel, nouvelle「新しい」、jour 男「日」、faire des tableaux「絵を描く」、offrir「プレゼントする」、camarade 名「クラスメート」、espère (espérer)「期待する」直説法現在、œuvre 女「作品」、plairont (plaire)「気に入る」直説法単純未来

(1)「ジャンは村の学校に毎日通っている」については、本文1〜2行目にJean, 80 ans, va trois jours par semaine à l'école publique de son petit village.「80歳のジャンは、彼が住んでいる小さな村の公立学校に1週間につき3日通っています」とありますから、本文の内容とは一致しません。得点率は93%でした。

(2)「ジャンは学校で、子どもたちと読書、合唱、絵画制作にはげんでいる」については、本文の2〜3行目にIl y suit des cours avec les enfants. Ensemble, ils lisent, ils chantent, ils font de la peinture...「彼はそこで子どもたちといっしょに授業を受けています。いっしょに、彼らは本を読んだり、歌ったり、絵を描いています」とありますから、本文の内容に一致します。得点率は

98%でした。

(**3**) 「ジャンの通っている学校は1年前から村の人たちに門戸を開いている」については、本文の4行目にDepuis un an, cette école est ouverte à tous les habitants du village.「1年前から、その学校は村のすべての住民に対して開かれています」とありますから、本文の内容に一致します。得点率は95%でした。

(**4**) 「学校に通う前から、ジャンは近所の人たちとよく話をしていた」については、本文の5〜6行目にLa vie de Jean a beaucoup changé. Avant, il restait tout seul chez lui toute la journée au lieu de sortir, de parler à ses voisins.「ジャンの人生は大きく変わりました。以前、彼は外出したり、隣人たちと話をするかわりに、1日中たったひとりで家にひきこもっていました」とありますから、本文の内容と一致しません。得点率は77%でした。

(**5**) 「ジャンは学校に通うことが本当はあまり好きではない」については、本文8〜9行目にMais maintenant, grâce à l'école, il est plus actif et plus joyeux. Il est content de sa nouvelle vie.「でも今は、学校のおかげで、彼はより活発で、楽しそうにしています。彼は新しい人生に満足しています」とありますから、本文の内容と一致しません。得点率は93%でした。

(**6**) 「ジャンは若いクラスメートたちに贈る絵を描いている」については、本文9〜10行目にLes jours où il ne va pas à l'école, il fait des tableaux pour les offrir à ses jeunes camarades.「学校に行かない日、彼は若いクラスメートたちに贈るために絵を描いている」とありますから、本文の内容に一致します。得点率は81%でした。

この問題の平均得点率は90%でした。

解答 (1) ② (2) ① (3) ① (4) ② (5) ② (6) ①

9 **解説** 適切なフランス語の文を選んで（　　）に入れ、会話を完成させる問題です。

(1) アリスは1番目のせりふでQu'est-ce que tu fais ? Tes devoirs ?「何をしているの。宿題？」とレナに尋ねています。それに対してレナは、Non, je lis mon horoscope.「ううん、自分の運勢を読んでるの」と答えています。それを聞いたアリスは2番目のせりふでTon horoscope ! Il est bon ?「あなたの運勢ですって。いい運勢？」と質問したあとで、レナの答えを待たずに、つづけざまに(1)?と質問しています。この質問に対して、レナは2番目のせりふでPas de problème ni en santé ni en amour.「健康運も恋愛運も問題ないって」と答えています。以上のことから判断すると、(1)?で、アリスはレナの運勢がどうなのかを尋ねていると推定されます。選択肢のなかでもっとも適切なのは⑤ qu'est-ce qu'il dit で「あなたの運勢は何だって」という意味になります。得点率は74%でした。

(2)「健康運も恋愛運も問題ない」というレナの2番目のせりふを受けて、アリスは3番目のせりふで、Tout va bien alors ?「じゃ、なにもかも順調ということね」と尋ねます。それに対して、レナは3番目のせりふで、(2). と答えたあとで、Car je dois faire attention aux accidents.「なぜって、事故に注意しなければならないからなの」とつづけています。(2)で応えた内容の理由を説明していると推定できます。以上のことから判断すると、(2)には「なにもかも順調」ではないという内容が入るはずです。選択肢のなかでもっとも適切なのは、④ pas tout à fait で「なにもかもというわけじゃないの」という意味になります。このpas tout à faitという表現は部分否定になります。得点率は40%にとどまりました。会話の流れが十分につかめていなかったのではないかと思われます。

(3) レナは3番目のせりふの後半で、Et maintenant regardons le tien.「じゃあ今度はあなたの運勢を見てみましょう」と言ったあとで、(3)?とアリスに尋ねています。所有代名詞のle tienはton horoscope「あなたの運勢」のことです。この質問に対してアリスは4番目のせりふでEn mars.「3月」と答えていますので、レナはアリスに何らかの時期を尋ねたものと推定できます。選択肢のなかでもっとも適切なのは⑦ tu es née quand で、「生まれたのはいつ」という意味になります。得点率は75%でした。

(4) アリスは4番目のせりふの最初でEn mars.「3月」と答えたものの、次に、Mais arrête !「でも、ストップ」と言い、さらに、(　4　) de le chercher. の次には、Je ne veux pas savoir mon avenir.「私は自分の未来なんか知りたくないの」と言っています。以上から判断すると、(　4　) には、自分の運勢を調べてほしくないというアリスの思いが反映されていると推定されます。また (　4　) のうしろには de le chercher が来ています。(　4　) は〈de＋不定詞〉の形を導くことの可能な表現であることが必要になります。選択肢のなかでもっとも適切なのは② ce n'est pas la peine で、「その必要はありません」という意味になります。Ce n'est pas la peine de le chercher. で「私の運勢を調べる必要なんかないわよ」となります。得点率は37%と、これまた低い得点率にとどまりました。

この問題の平均得点率は57%でした。

解答　(1) ⑤　(2) ④　(3) ⑦　(4) ②

聞き取り試験

解説・解答

1

(読まれる会話文)

Le chauffeur : Bonjour, vous allez où ?

Laura : À la gare, s'il vous plaît. Ça prend combien de temps ? Je suis pressée.

Le chauffeur : Vous prenez le train de quelle heure ?

Laura : De quatre heures.

Le chauffeur : Dans ce cas-là, ça va. Il est seulement trois heures et demie. Et on y arrivera dans dix minutes. Vous partez en vacances ?

Laura : Oui, pour deux mois.

Le chauffeur : C'est bien, ça !

解説 部分書き取りの問題です。タクシーの運転手（chauffeur）と乗客のローラとの会話です。これから電車に乗ってバカンスに出発しようとしているローラは電車に間に合うか心配そうです。

(1) タクシーの運転手に行き先をきかれたローラは、À la gare, s'il vous plaît.「駅までお願いします」と言ったあとで、Ça (prend) combien de temps ?「時間はどれぐらいかかりますか」と尋ねています。動詞 prendre を直説法現在の3人称単数に活用させるだけの基本的な問題でしたが、得点率は47%にとどまりました。*prends*、*pond*、*pont*、*prond* のような誤答がめだちました。ここで prendre は「時間がかかる；〜の時間をとる」という意味で使われています。以下に同様の使用例を示しておきますので、参考にしてください。Elle prend deux heures pour son déjeuner.「彼女は昼食に2時間かける」、Ce travail prendra plusieurs jours.「この仕事をするには何日もかかります」。

(**2**)　ローラはつづいて、Je suis (pressée).「私、急いでいるんです」と運転手に言っています。ローラは女性ですので、*pressé* ではなく、pressée と女性形にしなければなりませんでしたが、この性数一致を忘れてしまった誤答がかなりの数にのぼりました。得点率は10%と、今季の3級の問題のなかで一番得点率の低い問題となりました。緊張したなかでの聞き取りはけっして簡単なものではありませんが、男女の区別、単数と複数の区別ぐらいは落ち着いておこないたいものです。

(**3**)　急いでいると言うローラに、運転手が Vous prenez le (train) de quelle heure ?「何時の電車に乗るのですか」と尋ねています。これもまた基本中の基本ともいえる単語の聞き取りでしたが、得点率は45%にとどまりました。誤答としては、*temps* が圧倒的に多く、その他 *trente* や *tram* も多数ありました。

(**4**)　ローラが De quatre heures.「4時の電車に乗る」と答えたのを受けて、運転手は Dans ce cas-là, ça va. Il est seulement trois heures et demie. Et on y (arrivera) dans dix minutes.「それなら、だいじょうぶです。まだ3時半ですから。10分後には駅に着きます」と言っています。動詞 arriver を直説法単純未来の3人称単数に活用させる問題でしたが、得点率は30%でした。*arrivra*、*arriveras*、*arriverai*、*arrive* などの誤答がめだちました。単純未来の活用形もきちんとおさらいをしておいてください。

(**5**)　運転手の Vous partez en vacances ?「バカンスに出かけるのですか」という質問に対して、ローラは Oui, pour (2 mois).「ええ、2か月の予定です」と答えています。ここでも、*de moi*、*de mois*、*deux moins*、*2 moins*、*deux moi*、*doux mois* などさまざまな誤答が見られました。得点率は36%でした。

この問題の平均得点率は33%でした。

解答　(1) prend　(2) pressée　(3) train
(4) arrivera　(5) 2 mois

2

(読まれる文)

(1) Il a sa clé sur lui.
(2) Il reçoit sa clé à l'hôtel.
(3) Il fait tomber sa clé.
(4) Il laisse sa clé sur la chaise.
(5) Il cherche sa clé dans son bureau.

解説　聞き取ったフランス語の文にもっともふさわしい状況を表わす絵を選ぶ問題です。今回の問題ではすべての絵に「男」と「鍵」(clé) が描かれています。「男」がどこにいて、「鍵」をどうしているかを聞き取ることがポイントになります。

(1)「彼は鍵を身につけて持っている」という意味です。男が鍵を忘れずに所持しているすがたが確認されるのは③しかありませんので、これが正答になります。得点率は50%でした。この sur は「～を身につけて」という意味ですが、この用法に慣れていなかったものと思われます。以下のような用例を参考にきちんと学習しておいてください。Je n'ai pas d'argent **sur** moi.「私は今、お金の持ち合わせがありません」、Avez-vous des allumettes **sur** vous ?「マッチをお持ちですか」。

(2)「彼はホテルで鍵を受け取る」という意味です。ホテルのレセプションで鍵を受け取っている男のすがたが描かれているのは⑦だけですので、これが正答になります。①は鍵屋さんで鍵を受け取っているところですので正答にはなりません。得点率は89%でした。

(3) 「彼は鍵を落とす」という意味です。歩いているさいちゅうに鍵を落としてしまう男のすがたが描かれているのは⑧だけですので、これが正答になります。得点率は72%でした。

(4) 「彼はいすの上に鍵を置き忘れる」という意味です。いすの上に鍵を置いたまま立ち去ろうとしている男が描かれているのは⑤ですので、これが正答になります。得点率は72%でした。

(5) 「彼は机のなかに鍵がないか調べている」という意味です。机の引き出しを開けて男が鍵をさがしているのは②だけですので、これが正答になります。得点率は79%でした。

この問題の平均得点率は73%でした。

解答 (1) 3　(2) 7　(3) 8　(4) 5　(5) 2

3

(読まれる会話文)

Élise : Cette table est devenue trop petite pour nous.

Luc : Oui, c'est vrai. On en achète une plus grande ?

Élise : Oui. Et je pense qu'une table ronde ira mieux ici.

Luc : D'accord. Tu connais un bon magasin ?

Élise : Justement, il y a un nouveau magasin qui n'est pas cher. C'est à un quart d'heure en voiture.

Luc : Est-ce qu'il est ouvert le samedi ?

Élise : Oui, il est ouvert jusqu'à 19 heures.

Luc : Bon, alors allons-y samedi après le déjeuner.

解説 会話文を聞き取り、日本語の文がその内容に一致しているかどうかを答える問題です。エリーズとリュックはテーブルが小さくなったので、もっと大きなものに買い替えようとしています。2 人の間でどのような会話がなされたのかを注意深く聞き取ってください。

(1)「エリーズとリュックはもっと大きいテーブルが必要だと感じている」については、エリーズが Cette table est devenue trop petite pour nous.「このテーブルは私たちにはあまりにも小さくなったね」と言ったのに対し、リュックが Oui, c’est vrai. On en achète une plus grande ?「ほんとうだね。もっと大きいのを買おうか」と提案しています。それに対して、エリーズが Oui.「そうね」と答えていますので、2 人とも大きいテーブルが必要だと感じていることが確認されますので、対話の内容に一致します。得点率は 89%でした。

(2)「エリーズとリュックは丸いテーブルがいいと考えている」については、エリーズが Et je pense qu’une table ronde ira mieux ici.「ここには丸いテーブルの方が似合うと思うわ」と言ったのに対し、リュックが D’accord.「そうだね」と答えていますので、対話の内容に一致します。得点率は 70%でした。

(3)「新しい店は車で 1 時間のところにある」については、リュックが Tu connais un bon magasin ?「いい店を知っているかい」と尋ねたのに対し、エリーズが Justement, il y a un nouveau magasin qui n’est pas cher. C’est à un quart d’heure en voiture.「値段が高くないうってつけの新しい店があるの。車で 15 分のところ」と答えていますので、対話の内容に一致しません。得点率は 67%でした。

(4)「新しい店は土曜日には 19 時まで開いている」については、リュックが Est-ce qu’il est ouvert le samidi ?「その店は土曜日に開いているの」と尋ねたのに対し、エリーズが Oui, il est ouvert jusqu’à 19 heures.「ええ、19 時まで開いてるわ」と答えていますので、対話の内容に一致します。得点率は 90%でした。

(5)「エリーズとリュックは土曜日の昼食前に店へ行く予定である」については、リュックが Bon, alors allons-y samedi après le déjeuner.「わかった、じゃあ、土曜日、昼食の後に行こう」と言っていますので、対話の内容に一致しません。得点率は73%でした。

この問題の平均得点率は78%でした。

解答 (1) 1 (2) 1 (3) 2 (4) 1 (5) 2

配 点 表

問題番号	筆記試験	1	2	3	4	5	6	7	8	9	小計	聞き取り	1	2	3	小計	合計
点		8	10	8	8	8	8	6	6	8	70		10	10	10	30	100

2019年度秋季
実用フランス語技能検定試験
試験問題冊子 〈3級〉

問題冊子は試験開始の合図があるまで開いてはいけません。

筆記試験	10時00分～11時00分 (休憩なし)
聞き取り試験	11時00分から約15分間

◇問題冊子は表紙を含め16ページ、筆記試験が9問題、聞き取り試験が3問題です。

注意事項

1 途中退出はいっさい認めません。

2 筆記用具は**HBまたはBの黒鉛筆**(シャープペンシルも可)を用いてください。ボールペンや万年筆等でマークした解答は機械による読み取りの対象とならないため、採点されません。

3 解答用紙の所定欄に、**受験番号**と**カナ氏名**が印刷されていますから、まちがいがないか、**確認**してください。

4 **マーク式の解答は、解答用紙の解答欄にマークしてください。**たとえば、3の(1)に対して③と解答する場合は、次の例のように解答欄の③にマークしてください。

例 3

解答番号	解答欄
(1)	① ② ●

5 記述式の解答の場合、正しく判読できない文字で書かれたものは採点の対象となりません。

6 解答に関係のないことを書いた答案は無効にすることがあります。

7 解答用紙を折り曲げたり、破ったり、汚したりしないように注意してください。

8 問題内容に関する質問はいっさい受けつけません。

9 不正行為者はただちに退場、それ以降および来季以後の受験資格を失うことになります。

10 **携帯電話等の電子機器の電源はかならず切って、かばん等にしまってください。**通信機能のある時計は使用を禁じます。

11 **時計のアラームは使用しないでください。**

12 この試験問題の複製(コピー)を禁じます。また、この試験問題の一部または全部を当協会の許可なく他に伝えたり、漏えいしたりすることを禁じます(インターネットや携帯サイト等に掲載することも含みます)。

筆記試験終了後、休憩なしに聞き取り試験にうつります。

1　次の日本語の表現 (1) ～ (4) に対応するように、(　　) 内に入れるのにもっとも適切なフランス語 (各1語) を、**示されている最初の文字とともに**、解答欄に書いてください。(配点　8)

(1)　ご出身は？
D'où (v　　)-vous ?

(2)　手遅れです。
C'est (t　　) tard.

(3)　またすぐあとで。
À tout à l'(h　　).

(4)　もう一度お願いします。
Encore une (f　　), s'il vous plaît.

(解説・解答 ▶ p.73)

2 次の対話 (1) ～ (5) の (　　) 内の語を必要な形にして、解答欄に書いてください。(配点　10)

(1) — Aurélie joue très bien du piano.
— Ah oui. C'est elle qui (avoir) le premier prix la semaine dernière.

(2) — Hier soir, je n'ai pas pu bien dormir.
— (boire) du lait chaud et vous dormirez mieux.

(3) — Nous allons être en retard.
— Si nous (se dépêcher), nous arriverons avant midi.

(4) — Qu'est-ce que tu voudrais faire cet été ?
— J'(aimer) voyager.

(5) — Vous n'étiez pas devant le café, il y a 10 minutes ?
— Si, on (attendre) un ami.

(解説・解答 ▶ p.74)

3　次の (1) ～ (4) の (　　) 内に入れるのにもっとも適切なものを、それぞれ ① ～ ③ のなかから 1 つずつ選び、解答欄のその番号にマークしてください。(配点 8)

(1) Ils (　　) sont blessés dans un accident.

① les　② leur　③ se

(2) Je n'aime pas le fromage. Je n'(　　) achète jamais.

① en　② où　③ y

(3) Ses deux filles sont des chanteuses célèbres. Il est très fier d'(　　).

① aucune　② elles　③ eux

(4) Tu as (　　) à manger ?

① autre　② chacun　③ quelque chose

(解説・解答 ▶ p.77)

4　次の (1) ～ (4) の (　　) 内に入れるのにもっとも適切なものを、下の ① ～ ⑥ のなかから 1 つずつ選び、解答欄のその番号にマークしてください。ただし、同じものを複数回用いることはできません。(配点　8)

(1) Ce matin, mon père s'est promené dans le jardin (　　) le mauvais temps.

(2) C'est fini. C'est tout (　　) aujourd'hui.

(3) Il est (　　) colère contre Paul.

(4) Romain a marché de l'école (　　) la gare.

① en　　② entre　　③ jusqu'à
④ malgré　　⑤ par　　⑥ pour

(解説・解答 ▶ p.79)

5　例にならい、次の (1) ～ (4) において、それぞれ ① ～ ⑤ をすべて用いて文を完成したときに、(　　) 内に入るのはどれですか。① ～ ⑤ のなかから 1 つずつ選び、解答欄のその番号にマークしてください。(配点　8)

例 : Je finis ______ ______ (______) ______ ______ possible.

① le　② mon　③ plus　④ travail　⑤ vite

Je finis <u>mon</u> <u>travail</u> (<u>le</u>) <u>plus</u> <u>vite</u> possible.

② ④ ① ③ ⑤

となり、② ④ ① ③ ⑤ の順なので、(　　) 内に入るのは ①。

(1) Il _____ _____ (_____) _____ _____ l'après-midi.

① a　② à　③ commencé　④ dans　⑤ neiger

(2) Mon frère _____ _____ (_____) _____ _____ moi.

① autant　② de　③ lit　④ livres　⑤ que

(3) Nous _____ _____ (_____) _____ _____ .

① avons　② fait　③ notre　④ réparer　⑤ voiture

(4) Tu _____ _____ (_____) _____ _____ venir.

① diras　② me　③ peux　④ si　⑤ tu

(解説・解答 ▶ p.81)

6　次の (1) ～ (4) の **A** と **B** の対話を完成させてください。**B** の下線部に入れるのにもっとも適切なものを、それぞれ ① ～ ③ のなかから 1 つずつ選び、解答欄のその番号にマークしてください。(配点　8)

(1) **A** : Ce soir, on aura le temps de se voir ?
B : ____________________
A : On se retrouve où alors ?

① Impossible. Je dois travailler toute la nuit.
② Je te répondrai plus tard.
③ Oui, je suis libre aujourd'hui.

(2) **A** : Je peux ouvrir la fenêtre ?
B : ____________________
A : Oui, les montagnes sont si belles !

① Vous avez chaud ?
② Vous voulez fumer ?
③ Vous voulez mieux voir le paysage ?

(3) **A** : Si on allait au musée ?
B : ____________________
A : Non, j'ai faim. Déjeunons d'abord.

① Avec plaisir. On part tout de suite ?
② Oui, quel est ton peintre préféré ?
③ Pas question. Nous avons beaucoup de choses à faire.

(4) **A** : Tu habites où ?
B : ____________________
A : Ah ! Alors, tu peux faire tes courses quand tu veux !

① Assez loin de la ville.
② Juste à côté de l'épicerie.
③ Tu ne savais pas ?

(解説・解答 ▶ p.83)

7　次の (1) ～ (6) の (　　) 内に入れるのにもっとも適切なものを、下の ① ～ ⑧ のなかから 1 つずつ選び、解答欄のその番号にマークしてください。ただし、同じものを複数回用いることはできません。(配点　6)

(1) Cet acteur joue bien dans cette (　　) d'amour.

(2) Cette église est un (　　) historique très connu.

(3) D'habitude, André achète ses fruits au (　　).

(4) Il va pleuvoir : le (　　) est couvert de nuages noirs.

(5) Parlez plus fort. Ouvrez bien la (　　).

(6) Quelle est votre deuxième (　　) étrangère, le français ou l'allemand ?

① bouche　② ciel　③ langue　④ marché
⑤ monument　⑥ scène　⑦ viande　⑧ voix

（解説・解答 ▶ p.84）

8　次の文章を読み、下の (1) ～ (6) について、文章の内容に一致する場合は解答欄の ① に、一致しない場合は ② にマークしてください。(配点　6)

La pomme « Julie d'or » a beaucoup de jus et un goût délicieux. Elle est née en 1973 au Canada. Aujourd'hui, plus de 2 600 producteurs* la cultivent en Europe.

Guillaume, 32 ans, a quitté son travail pour devenir agriculteur** dans le petit village où il est né. C'est alors qu'il s'est intéressé à cette pomme. Pour pouvoir la cultiver, il faut être membre de l'association*** « Julie d'or ». Il est devenu membre il y a un an.

Grâce à l'aide de l'association, les jeunes producteurs peuvent cultiver ce fruit facilement. Des membres qui ont une longue expérience leur expliquent qu'il est très important de respecter l'environnement. Guillaume est tout à fait d'accord avec cette façon de penser de l'association.

* producteur : 生産者
** agriculteur : 農業従事者
*** association : 協会

(1)　「ジュリー・ドール」は果汁が多く、とてもおいしいりんごである。

(2)　「ジュリー・ドール」はヨーロッパで生まれた品種である。

(3)　ギヨームは生まれ故郷の村でずっと農業に従事してきた。

(4)　ギヨームは 1 年前に「ジュリー・ドール」協会の会員になった。

(5)　「ジュリー・ドール」協会には経験の浅い生産者しかいない。

(6)　ギヨームは「ジュリー・ドール」協会の環境に関する考え方に賛同している。

(解説・解答 ▶ p.86)

9

次の会話を読み、(1) ~ (4) に入れるのにもっとも適切なものを、下の ① ~ ⑦ のなかから1つずつ選び、解答欄のその番号にマークしてください。ただし、同じものを複数回用いることはできません。なお、① ~ ⑦ では、文頭にくるものも小文字にしてあります。(配点 8)

Alise : Théo, tu dors ? Réveille-toi !
Théo : (1) ?
Alise : J'ai entendu du bruit. Écoute ! Tu entends ?
Théo : Oui. Quelqu'un semble frapper à la porte.
Alise : (2) ?
Théo : Je ne sais pas qui. Bon, je vais voir. Toi, tu restes ici ?
Alise : (3), je viens avec toi. J'ai peur.
Théo : Tu es prête ? J'ouvre la porte...
Alise : Il n'y a personne ! C'est bizarre !
Théo : Je ne vois rien, moi non plus.
Alise : Mais si, (4) ! C'est un pivert* qui fait ce bruit sur un arbre !

* pivert : ヨーロッパアオゲラ (キツツキの一種)

① mais non
② pas tellement
③ qu'est-ce qu'il y a
④ qui donc
⑤ regarde
⑥ tant mieux
⑦ tu avais raison

(解説・解答 ▶ p.88)

聞き取り試験問題

(部分的な書き取りを含む)

聞き取り試験時間は、 11時00分から約15分間

注意事項

1　聞き取り試験は、CD・テープでおこないますので、CD・テープの指示にしたがってください。

2　解答はすべて筆記試験と同じ解答用紙の解答欄に、**HBまたはBの黒鉛筆**(シャープペンシルも可)で記入またはマークしてください。ボールペンや万年筆等でマークした解答は機械による読み取りの対象とならないため、採点されません。

1　エンマとユゴーの会話を聞いてください。

- 1 回目は全体を通して読みます。
- 2 回目は、ポーズをおいて読みますから、(　1　) ～ (　5　) の部分を解答欄に書き取ってください。それぞれの (　　) 内に入るのは 1 語とはかぎりません。
- 最後 (3 回目) に、もう 1 回全体を通して読みます。
- 読み終えてから 60 秒、見なおす時間があります。
- 数を記入する場合は、算用数字で書いてください。

(メモは自由にとってかまいません) (配点　10)

[音声を聞く順番]　❽ → ❾ → ❽

Emma : Bonjour, Hugo ! Tu as passé un bon week-end ?

Hugo : Oui, samedi, je suis allé chez ma sœur. On a fait un petit dîner en (　1　).

Emma : Ta sœur a un petit garçon, non ? Il (　2　) là ?

Hugo : Bien sûr. Tiens, voilà sa photo.

Emma : Ah, c'est (　3　) lui ? Il est grand maintenant !

Hugo : Il vient (　4　) six ans. Je lui ai apporté un (　5　) d'anniversaire.

(解説・解答 ▶ p.90)

2

• フランス語の文 (1) ～ (5) を、それぞれ3回ずつ聞いてください。
• それぞれの文にもっともふさわしい絵を、下の ① ～ ⑨ のなかから1つずつ選び、解答欄のその番号にマークしてください。ただし、同じものを複数回用いることはできません。
（メモは自由にとってかまいません）（配点　10）

［ 音声を聞く順番 ］ ❿ → ⓫

(1)

(2)

(3)

(4)

(5)

①

②

③

④

⑤

⑥

⑦

⑧

⑨

（解説・解答 ▶ p.92）

3

- ローズとマルクの会話を3回聞いてください。
- 次の (1) ～ (5) について、会話の内容に一致する場合は解答欄の ① に、一致しない場合は ② にマークしてください。

(メモは自由にとってかまいません)(配点　10)

[音声を聞く順番] ⓬→⓭→⓮

(1)　マルクは、けさから歯が痛い。

(2)　マルクは自分の歯科医にまだ電話をかけていない。

(3)　マルクの歯科医はバカンスから今度の月曜日にもどってくる。

(4)　ローズの歯科医は腕がいい。

(5)　マルクはローズの提案を受け入れた。

(解説・解答 ▶ p.93)

2019年度秋季3級

今季の出願者数は3,399名（うち受験者は2,999名）でした。合格者数は1,683名、対実受験者合格率は56%でした。平均点は63点（筆記得点率61%、聞き取り得点率68%）、合格基準点は60点でした。

出題内容のあらまし

[筆記]

1 語彙（記述）
2 動詞活用（対話文・記述）
3 代名詞（穴うめ・選択）
4 前置詞（穴うめ・選択）
5 語順（語の並べかえによる仏文完成）
6 対話文（仏文選択）
7 短文（穴うめ・選択）
8 説明文（内容一致・和文選択）
9 会話文（穴うめ・仏文選択）

[聞き取り]

1 会話文の部分書き取り（穴うめ・記述）
2 短文聞き取り（仏文に一致する絵の選択）
3 会話文聞き取り（内容一致・和文選択）

筆記試験

解説・解答

1 **解説** 日常的な慣用表現で使われている単語を記述する問題です。

(**1**) 「ご出身は？」は〈venir de ＋場所〉を使って、D’où (venez)-vous ？となります。起源を表わす前置詞 de と疑問副詞 où「どこへ、どこに」をエリジオンでつなげた d’où「どこから」を文頭に置いた倒置疑問文です。動詞 venir は「来る」や「(相手の方に) 行く」という移動を意味するほかに、前置詞 de をともなって「～から来ている」という由来も表します。したがって、「あなたはどこから来たのですか」という出身をたずねる表現は、過去時制ではなく現在時制で表わされます。その応答として、Je viens de Tokyo.「東京からです」や、国名をあげるなら、Je viens du Japon.「日本からです」などと答えます。男性名詞の国名の場合、前置詞 de と定冠詞 le の縮約形 du が使われますが、女性名詞の国名をあげる場合は、前置詞 de のあとには定冠詞 la をつけずに、Je viens de France.「フランスからです」となることに注意しましょう。ところで、動詞 venir は出身や由来を意味しますから、主語が人だけに限定されるわけではありません。たとえば、Ce mot vient du grec.「この単語はギリシア語起源である」などです。得点率は57%でした。

(**2**) 「手遅れです」は C’est (trop) tard. となります。日常よく使われる基本的な表現ですが、得点率は44%にとどまりました。*tout* や *très* といった誤答がめだちました。どちらも副詞ではありますが、これと tard をつなげても「手遅れ」の意味にはなりません。とくに副詞 très と trop が使い分けられるようになっておきましょう。C’est très tard.「とても遅いです」の très は遅さの程度が単に大きいことを客観的に表しているのに対して、C’est trop tard. は、直訳すると「遅すぎます」であり、文中の trop は遅さの程度が行きすぎていることを表わし、それゆえに、なんらかの行為の遂行に支障をきたしていることが暗に示されています。

(**3**) 「またすぐあとで」は À tout à l'(heure). となります。別れぎわに次の再会の予定を言うあいさつ表現〈前置詞 à ＋時の表現〉です。たとえば、次に会うのがいつか具体的に決まっていれば、À demain.「またあした」や À la semaine prochaine.「また来週」などと言います。いつになるかわからないが、遠からずまた会いたいという気持ちを込めるなら、À bientôt.「また近いうちに」です。さて、問題文の「すぐあと」を意味する tout à l'heure はひとかたまりの副詞句として覚えておきましょう。さらに、再会が極めて接近している場合のあいさつ表現に、À tout de suite. もあります。得点率は69％でした。

(**4**) 「もう一度お願いします」は Encore une (fois), s'il vous plaît. となります。得点率は72％でした。名詞 fois「～回、～度」は単複同形の女性名詞です。たとえば、deux fois par semaine「週に2回」のように頻度を示したり、序数詞を用いて Je visite cette ville pour la première fois.「私はこの町を初めて訪れます」のように何度目かを示したりします。さらに、かけ算の「倍」の意味もあります。Trois fois deux font six.「3かける2は6」です。比較級表現とともに用いれば、Il mange deux fois plus qu'elle.「彼は彼女の2倍食べる」となります。

この問題の平均得点率は61％でした。

解答　(1) venez　(2) trop　(3) heure　(4) fois

2

解説　フランス語の応答文を読み、意味をとらえて動詞の法と時制をきめ、その活用を記述する問題です。

(**1**) — Aurélie joue très bien du piano.「オーレリーはピアノがとても上手だね」— Ah oui. C'est elle qui (a eu) le premier prix la semaine dernière.「そのとおりよ。先週、一等賞を取ったのは彼女だもの」となります。得点率は32％でした。1つ目の文は直説法現在を用いて、オーレリーのピアノのうまさを話題にしています。2つ目の文はそのうまさを裏づける客観的な証拠として、彼女が le premier prix「一等賞」を取ったという出来事を、強調構文〈c'est ... que ...〉を使って示しています。一等賞を取ったのが la semaine dernière「先週」ということですから、過去のある時点での出来事を述べるこの文は、複合過去を用いて表現されます。しかし、現在形の *a* や、半過去の *avait* といった誤答が少なからず見られました。同じ過去時制でも、半過去は出来事や完了した行為を述べるのではなく、過去のある時点を状態や背景として述べる用法です。

(2)　— Hier soir, je n'ai pas pu bien dormir.「昨晩、よく眠れなかったの」— (Buvez) du lait chaud et vous dormirez mieux.「ホットミルクを飲んでごらんなさい、そうすればよく眠れますよ」となります。得点率は 19％と、今季の 3 級の問題のなかで最低の得点率になりました。*Boirez* や *boyez*、*bois* などの誤答が多数見られました。この誤答例から、受験者の多くは動詞 boire の命令形を答えようとしていたことがうかがえます。2 つ目の文は主語を置かずに動詞から始まっていますから、命令文だということがわかります。この 2 つ目の文の〈命令文＋ et ＋単純未来の文〉は、ある行為をするように述べたうえで、その行為の結果として生じうる事態を予測する表現です。多くの受験生はそこまでは理解がおよんでいたようですが、boire の命令法を正しく活用できなかったために正解にいたれませんでした。なお、誤答の *bois* は tu に対する命令法です。相手を tu と vous のいずれで呼ぶかは、この命令法のあとにつづく vous dormirez mieux の主語が明示していますから、迷いようはないはずです。

(3)　— Nous allons être en retard.「私たち、遅刻することになるわ」— Si nous (nous dépêchons), nous arriverons avant midi.「急げば、正午前に着けるよ」となります。最初の文は近接未来〈aller ＋不定詞〉を使って遅刻になりそうだという見通しを語っているのに対して、2 つ目の文では、急げば遅刻が避けられるだろうと述べています。si から始まる従属節は「もし〜なら」とある条件を提示し、主節ではその条件のもとで起こりうる事態を予想しています。そのために、主節の時制が単純未来になっているのです。一方、従属節は、実現可能な条件を述べるのであれば、これから行う行為を述べる場合でも、直説法現在の時制で表わされます。誤答で多かったのは、半過去の *nous dépêchions* でした。再帰代名詞 se を主語の人称に合わせて、nous にすることまではできたのですが、この文を、si ＋直説法半過去の従属節をともなった条件法現在の構文だと見なしたことがまちがいの原因のようです。

そうだとすれば、これは二重のまちがいです。まず、条件法の第一の用法は、事実に反する、あるいは現実に起こりえない仮定のもとで、その結果生じうる事態を想定するものです。ところが、この2つ目の文の従属節は現実的な条件を提示していますから、主節に条件法が用いられることはありません。他方、主節の動詞 arriverons の時制は条件法現在ではなく直説法単純未来です。以上より、条件法現在と直説法単純未来の区別をうやむやにしておかないこと、さらに、si 節がくれば条件法の文だと思い込まないことが大切です。この問いも得点率は低調で28%でした。

(4) — Qu'est-ce que tu voudrais faire cet été ?「君はこの夏、何をしたい」— J'(aimerais) voyager.「旅行がしたいな」となります。得点率は37%でした。最初の文にある vouloir「欲する、要求する」の条件法現在は緩和の用法と言われるもので、願望をあからさまに表わすのを避ける表現です。それをうけて、第2の文では vouloir の条件法現在を用いずに、動詞 aimer を用いてこの夏に行いたいことを述べています。めだった誤答は *aime* でした。直説法現在を用いた J'aime voyager. は「私は旅行することが好きです」と、好みの傾向を伝えることになり、願望を表しはしません。そこで出てくるのが条件法現在です。〈aimer 条件法現在＋不定詞〉で「(できることなら)～したいものだ」を意味します。なお、不定詞の前には副詞 bien が置かれることがよくあります。

(5) — Vous n'étiez pas devant le café, il y a 10 minutes ?「君たち、10分前にカフェの前にいなかったかい」— Si, on (attendait) un ami.「いたよ、友だちを待っていたんだ」となります。得点率は27%でした。最初の文では半過去が使われていますが、それは il y a 10 minutes「10分前」という過去の時点における状態を述べるためです。半過去とは〈過去における現在〉とも言われますが、過去のある時点に身を置きなおしたときに現在時制で表現できる事柄を述べる用法です。さて、最初の文が否定疑問ですから、2つ目の文では「カフェの前にいた」という事実の肯定を強調する si で応じています。そのあとにつづくのは、なぜカフェの前にいたのかという理由の説明です。10分前という過去の時点に身を置きなおしてみて、そのとき on は何をしていたかを述べる場合は、やはり半過去を用いなければなりません。なお、会話文では on はしばしば nous の代用として使われます。ただし、

on を構成するのは複数の人々ですが、3 人称単数として動詞を活用します。

この問題の平均得点率は 29%でした。

解答 (1) a eu　(2) Buvez　(3) nous dépêchons
(4) aimerais　(5) attendait

3 解説 適切な代名詞を選ぶ問題です。

(1) Ils (se) sont blessés dans un accident.「彼らは事故でけがをした」となります。選択肢は 3 人称の目的補語代名詞と 3 人称の再帰代名詞です。主語の人称に合わせて活用した動詞 être の直説法現在のあとに、動詞の過去分詞がつづく構文としてはいくつかの可能性が考えられます。移動を表わす自動詞の複合過去か、受動態か、代名動詞の複合過去です。それぞれの可能性を検討しましょう。まず問題文のなかの動詞 blesser「けがをさせる」は他動詞ですから、自動詞の複合過去の可能性はありません。次に受動態の場合、動詞 blesser の受動態に人を指す間接目的補語代名詞がともなうことはまずありませんから、これも排除できます。最後に代名動詞の複合過去の場合、se blesser「けがをする」は再帰代名詞 se が直接目的補語の役割をしている再帰的用法です。代名動詞の複合過去は助動詞 être をとります。3 人称複数の再帰代名詞 se の位置は助動詞の前ですから、この問題文の（　　）の位置に相当し、過去分詞 blessés が再帰代名詞 se と性数一致して男性複数形になっていることも確認できます。したがって、正答は③になります。得点率は 60%でした。

(2) Je n'aime pas le fromage. Je n'(en) achète jamais.「私はチーズが好きではないので、けっして買うことはありません」となります。（　　）の直前に置かれた否定辞 ne がエリジオンの形になっているので、そのあとにつづく単語は母音字か無音の h から始まります。しかし、問題の選択肢はすべて母音字始まりの単語ばかりですから、ヒントにはなりません。文法的知識を用いて正解にいたる必要があります。（　　）に入る代名詞は、他動詞 acheter「～を買う」の直接目的補語です。英語と異なり、目的補語代名詞は動詞の前に置かれますから注意しましょう。話の流れから、私が何を買わないかといえば、チーズ以外に考えられません。2つ目の文を目的補語代名詞を用いずに表わすと、Je n'achète jamais de fromage. となります。このde fromageをうける代名詞はenです。中性代名詞enは、〈前置詞de＋名詞〉をうけたり、不定冠詞・部分冠詞や数量表現のついた名詞の代わりになります。選択肢には中性代名詞③ yがありますが、これは場所を示す〈前置詞＋名詞〉をうけるか、あるいは、〈前置詞à＋名詞（人以外）〉をうけますから、直接目的補語の役割を担うことはできません。また、関係代名詞の② oùが入ることはありえません。正答は① enです。得点率は81%でした。なお、1つ目の文のfromageには定冠詞leがつき、2つ目の文のenが部分冠詞を前提としているというちがいに気がつきましたか。1つ目の文のチーズは総称として、2つ目の文のチーズは食べるための具体的なものとして提示されているというちがいが冠詞の使い方に表われています。

(3) Ses deux filles sont des chanteuses célèbres. Il est très fier d'(elles).「彼の二人の娘は有名な歌手である。彼は彼女たちのことがとても自慢だ」となります。形容詞fierは〈être fier de＋名詞〉「～を誇りに思う、～が自慢だ」という表現を作ります。話の流れから、前置詞deのあとには1つ目の文で話題になった、彼の娘たちを表わす代名詞が置かれることが自然だと考えられます。前置詞のあとに人称代名詞がつづくとき、その代名詞は強勢形(moi, toi, lui, elle, nous, vous, eux, elles)になります。選択肢のなかでは人称代名詞強勢形の② ellesと③ euxがあがっています。②は3人称女性複数、③は3人称男性複数を表しますから、正答は② ellesです。得点率は54%でした。問題文に出てくる単語の意味がすべてわかっていれば、難なく正解にいたれる問題ですが、仮に1つ目の文のfillesの意味を知らなくても、chanteusesがchanteurの女性複数形であることがわかれば、正解を導けるはずです。ちなみに、① aucuneはaucunの女性単数形ですが、この単語は原則として、neやsansといった否定辞とともに、Je n'ai aucune idée.「私にはまったくわからない」のように使われますから不適当です。

(4) Tu as (quelque chose) à manger ?「きみは何か食べるものを持ってるかい」となります。(　　　)のあとに〈前置詞à＋不定詞〉がつづきますが、これは直前の名詞を修飾して、「～すべき、～するための」を意味します。選択肢の① autre「別の、もう一つの、ほかのもの」は、不定形容詞であっても不定代名詞であっても、原則として冠詞をともないますし、autre à manger という表現は意味をなしません。② chacun「各々のもの、各人」は冠詞がつくことはありませんが、chacun à manger という表現も意味をなしません。③ quelque chose「何か、あるもの」はこれで1つの不定代名詞ととらえ、単独で用いられたり、このあとに〈à＋不定詞〉をつづけると、「何か～するもの」という意味になります。したがって、正答は③ quelque chose になります。得点率は87％でした。ちなみに、quelque chose に〈de＋形容詞男性単数〉がつづくと、「何か～なこと」を意味します。

この問題の平均得点率は70％でした。

解答 (1) ③ (2) ① (3) ② (4) ③

4 **解説** 適切な前置詞を選ぶ問題です。

(1) Ce matin, mon père s'est promené dans le jardin (malgré) le mauvais temps.「けさ、悪天候にもかかわらず、私の父は庭園を散歩した」となります。前置詞を正しく選べるかどうかは、まず le mauvais temps「悪天候」の単語の意味を知っていることが前提となります。これがわかれば、次に se promener dans le jardin「庭園を散歩する」という行為と天気を、前置詞を介してどのように関係づけることができるか考えます。通常、散歩は天気のよい日に行うことが好まれますから、天気の悪いなか散歩をするというふるまいは、自然な流れに反しています。したがって、悪天候と散歩は譲歩を表わす前置詞で結びつけるのが適切になります。選択肢のなかで譲歩を表わす前置詞は④ malgré「～にもかかわらず」のみです。得点率は非常に低く22％でした。

(2) C'est fini. C'est tout (pour) aujourd'hui.「終わりました。きょうのところはこれでおしまいです」となります。1つ目の文で、何かの取り組みが終了したことを述べ、2つ目の文が終了を重ねて告げています。出てくる単語はどれも基本的なものばかりですが、前置詞をつけるとなると途端に難易度があがります。何か継続して取り組んでいる事柄のうち、きょうの分は終わったと区切りをつけるときには、〈pour＋時の表現〉を用います。正答は⑥

pourです。得点率は38％でした。〈pour＋時の表現〉はほかに、pour le moment「今のところは」もよく使われますから覚えておきましょう。

(3) Il est (en) colère contre Paul.「彼はポールに対して怒っている」となります。名詞colère「怒り」を使って怒っていることを表わすには、状態を意味する前置詞を置く必要があります。選択肢のなかには① enがあてはまり、〈être en colère〉「怒っている」となります。前置詞enは通常、無冠詞名詞をともなうことを確認しておきましょう。また、怒りの対象を示すには、敵対を表わす前置詞contre「〜に対抗して」を用います。得点率は50％でした。

(4) Romain a marché de l'école (jusqu'à) la gare.「ロマンは学校から駅まで歩いた」となります。ここでは名詞école「学校」とgare「駅」という2つの場所表現が動詞marcher「歩く」という行為の補足情報として提示されています。たとえば、Il est sorti de l'école.「彼は学校を出た」は、動詞sortir「(外に) 出る」という意味上、起点を示す前置詞deがともなわれることが多いです。一方、動詞marcherは単に徒歩での移動を表し、出発点や到着点の明示を特に必要とはしません。しかし、問題文では前置詞deが置かれ、さらに、学校と駅とを結びつける必要がありますから、学校と駅が出発点と到着点の関係にあると考えて、到着点を示す前置詞à、あるいはjusqu'àを用いて、「学校から駅まで」とすると意味がつながります。正答は③ jusqu'àです。得点率は41％でした。なお、〈de... à / jusqu'à ...〉は場所だけでなく時間を表わす場合にも出てきます。たとえば、Ce magasin est ouvert de 10 heures à 19 heures.「この店は10時から19時まで開いている」などです。

この問題の平均得点率は38％でした。選択問題にもかかわらず、低迷しています。前置詞の基本的な用法をもう一度よく見直し、例文を使って理解を定着させましょう。

解答　(1) ④　(2) ⑥　(3) ①　(4) ③

5 **解説** 5つの単語を並べかえて文を完成させる問題です。

(1) 主語は3人称男性単数の代名詞 il が置かれていますから、まず主語に合った動詞を探しましょう。選択肢のなかには動詞は① a と③ commencé と⑤ neiger が入っています。主語人称代名詞 il と合うのは① a のみです。③ commencé は過去分詞であり、⑤ neiger は不定詞ですから、両者とも主語と直接組み合わされることはありません。さて、これほど多くの動詞を一つの文のなかに組み込むためにはどうすればいいでしょうか。① a は、助動詞として③ commencé の過去分詞と結びついて複合過去を作ると考えてみましょう。③の動詞 commencer は〈commencer à +不定詞〉で「～し始める」を表しますから、commencer à neiger となって、すべての動詞が芋づる式に処理できました。なお、〈commencer par +不定詞〉は「～することから始める」を意味します。さて、動詞 neiger「雪が降る」は天候を表わす非人称構文を作りますから、問題文の主語 il は「彼」や具体的な男性単数名詞をうけているのではありません。残りの選択肢④ dans は文末の l'après-midi と結びつくと、dans l'après-midi「午後の間に」という意味になります。以上から、Il a commencé à neiger dans l'après-midi.「午後の間に雪が降り始めた」という文が完成します。正答は② à になります。得点率は64%でした。

(2) 主語が mon frère であることを念頭に置いて、文の構造を考えていきましょう。選択肢のなかで動詞は何かと見てみると、③ lit しかありません。lire「～を読む」の3人称単数直説法現在ですから、主語の mon frère と合っています。lire は他動詞で直接目的補語をとりますから、動詞のあとには名詞表現がつづくと考えられます。選択肢を見ますと、名詞は④ livres のみです。しかし、通常、名詞の前には冠詞や指示形容詞や所有形容詞などの限定詞がつきますが、それらしいものは見当たりません。残りの選択肢を眺めると、① autant と⑤ que が目に飛びこんできます。これは比較表現の一種です。形容詞や副詞の比較級は moins, aussi, plus を使います。数量を比較する場合には、優等比較と劣等比較については同じく plus と moins を使いますが、同等比較に限っては aussi ではなく autant を使います。〈autant de +無冠詞名詞 + que...〉「…と同じ数量の～」という形をとります。比較対象をみちびく que のあとに人称代名詞がつづくときには強勢形を用いますから、文末のmoiとうまく合います。以上から、Mon frère lit autant de livres que moi.「兄（弟）は私と同じ冊数の本を読む」という文が完成します。正答は② deです。得点率は36%と低迷しました。数量比較の学習が不十分な受験生が多かったようです。これを機会におさらいをしておきましょう。

(3) 選択肢のうち3つが動詞ですが、このなかでは主語のnousにつづく動詞は① avons以外にありません。動詞以外の選択肢である③ notreと⑤ voitureはそのままnotre voiture「私たちの車」として結びつきます。では残る② faitと④ réparerの2つの動詞をどのように処理するかです。②はfaireの3人称単数直説法現在か、過去分詞のいずれかであり、④は不定詞です。Nous avons...の直後に不定詞がつづくことはありません。一方、③ faitが過去分詞だとすれば、Nous avons fait...は複合過去を表わすことになります。しかし、これを「私たちは～を作った、した」と考えると、④ réparer「～を修理する」がつづきません。そこで、動詞faireには「～させる」を意味する使役動詞の役割があったことを思い出し、faire réparer「～を修理させる」とします。以上から、Nous avons fait réparer notre voiture.「私たちは車を修理してもらった」という文が完成します。正答は④ réparerです。得点率は74%でした。

(4) 主語tuにつづく動詞は何かを考えてみましょう。選択肢のなかで① dirasはdireの2人称単数直説法単純未来であり、③ peuxはpouvoirの1・2人称単数直説法現在です。選択肢にはこの文の主語と同じ⑤ tuがあり、接続詞の④ siもありますから、この文は主節と従属節からなると考えられます。文末のvenirという不定詞に着目すると、あたえられた選択肢のなかで不定詞を導くことができるのは③ peuxのみですから、従属節はsi　tu　peux　venirだと考えられます。したがって、主節の動詞は① dirasになります。残りの選択肢② meは1人称単数の目的補語代名詞です。選択肢の動詞のうち目的補語を取るのは① dirasだけであり、② meは間接目的補語代名詞として動詞の前に置かれます。以上から、Tu me diras si tu peux venir.「来ることができるかどうか私に言ってね」という文が完成します。si以下の従属節は間接疑問節で、dirasの直接目的補語にあたります。主節の単純未来は未来の予定・予測を行なっているのではなく、命令・指示の用法です。正答は④ siです。得点率は69%でした。

この問題の平均得点率は61%でした。

解答 (1) ② (2) ② (3) ④ (4) ④

6 **解説** 適切な文を選択して対話を完成させる問題です。

(1) **A**が Ce soir, on aura le temps de se voir ?「今晩、会える時間はある？」と尋ねたのに対し、**B**が何か言ったあと、**A**が On se retrouve où alors ?「じゃあ、どこで待ち合わせをしようか」と応じています。**A**の2つ目のせりふから、**B**が**A**に**B**と会う時間があると言ったと推定できます。選択肢は① Impossible. Je dois travailler toute la nuit.「無理だな。一晩中仕事をしなければならないんだ」、② Je te répondrai plus tard.「あとで返事するよ」、③ Oui, je suis libre aujourd'hui.「うん、きょうは空いているよ」となっています。状況に合致するのは③だけですので、これが正答になります。得点率は63%でした。

(2) **A**が Je peux ouvrir la fenêtre ?「窓を開けてもいいですか」と言ったのに対して、**B**が何か言ったあと、**A**が Oui, les montagnes sont si belles !「ええ、山々がとてもきれいなんです」と応じています。**A**の2つ目のせりふから、**B**は窓を開ける理由に関わる質問をしたと推定されます。選択肢は① Vous avez chaud ?「暑いのですか」、② Vous voulez fumer ?「タバコを吸いたいのですか」、③ Vous voulez mieux voir le paysage ?「景色をもっとよく見たいのですか」となっています。状況に合致しているのは③だけですので、これが正答になります。得点率は86%でした。

(3) **A**が Si on allait au musée ?「美術館に行かないかい」と**B**を誘ったのに対し、**B**が何か言ったあと、**A**が Non, j'ai faim. Déjeunons d'abord.「いや、お腹がすいているんだ。まず昼食をとろうよ」と答えています。**A**の1つ目のせりふから、**B**が美術館に行く誘いを受け入れたうえで、いつ行くか質問していると推定されます。選択肢は① Avec plaisir. On part tout de suite ?「喜んで。すぐに出かけようか」、② Oui, quel est ton peintre préféré ?「いいよ、君の好きな画家はだれだい」、③ Pas question. Nous avons beaucoup de chose à faire.「とんでもない。私たちはやるべきことがたくさんあるよ」となっています。状況に合致しているのは①だけですので、これが正答になります。得点率は83%でした。**A**の1つ目のせりふの〈si＋半過去〉は主節が省略されていますが、これは勧誘や提案の典型的な表現のひとつです。覚えておきましょう。

(4)　**A**が Tu habites où ?「君はどこに住んでいるの」と言ったのに対し、**B**が何か言ったあと、**A**が Ah ! Alors, tu peux faire tes courses quand tu veux !「ああ、それじゃ、君は好きなときに買い物ができるね」と応じています。**A**の2つ目のせりふから、**B**は買い物をするのに便利な場所に住んでいることが推定されます。選択肢は① Assez loin de la ville.「町からかなり遠いところだよ」、② Juste à côté de l'épicerie.「食料品店のすぐ隣だよ」、③ Tu ne savais pas ?「君、知らなかったっけ」となっています。状況に合致しているのは②だけですので、これが正答になります。得点率は76%でした。

この問題の平均得点率は77%でした。

解答　(1) ③　(2) ③　(3) ①　(4) ②

7

解説　各文の（　　）に入れるべき適切な単語を選択する問題です。

(1)　Cet acteur joue bien dans cette (　　) d'amour.「この俳優はその愛の（　　）でうまく演じている」となっています。（　　）の直前に指示形容詞 cette がありますので、女性名詞で、俳優の演技と関連する単語を選択肢のなかから選ばなければなりません。この条件にあてはまるのは、⑥ scène 囡「場面」になります。得点率は77%でした。ちなみに、scène d'amour「ラブシーン」の amour は、scène「場面」の種類を表していますから、このとき冠詞をつけません。

(2)　Cette église est un (　　) historique très connu.「この教会はとても有名な歴史的（　　）である」となっています。（　　）は「歴史的な」という形容詞をともなって、教会を別の表現で言い換える男性名詞です。それに適した選択肢は、⑤ monument 男「記念建造物」しかありません。得点率は81%でした。

(3) D'habitude, André achète ses fruits au (　　　). 「いつも、アンドレはくだものを（　　　）で買う」となっています。（　　　）の前にauという、場所などを表わす前置詞àと定冠詞leの縮約形がありますので、男性名詞で、かつ、くだものを購入する場所を選択肢のなかから選ばなければなりません。この条件にあてはまるのは、④ marché 男「市場」になります。得点率は86%でした。

(4) Il va pleuvoir : le (　　　) est couvert de nuages noirs. 「雨が降りそうだ。（　　　）は黒い雲で覆われている」となっています。（　　　）の前に定冠詞leがありますので、男性名詞で、天気とかかわり、雲に覆われている単語を選択肢のなかから選ばなければなりません。この条件にあてはまるのは② ciel 男「空」です。得点率は73%でした。

(5) Parlez plus fort. Ouvrez bien la (　　　). 「もっと大声で話してください。（　　　）をよく開けてください」となっています。（　　　）の前に定冠詞laがありますので、女性名詞で、かつ、大声で話すために開けるべきものを選択肢のなかから選ばなければなりません。この条件にあてはまるものは、① bouche 女「口」になります。得点率は少し下がり、51%でした。⑧ voix 女「声」の誤答が比較的多かったです。確かに声に関わることが話題になってはいますが、声とouvrir「開ける」が直接結びつくことは考えられません。

(6) Quelle est votre deuxième (　　　) étrangère, le français ou l'allemand ? 「きみの第二外国語は何だい、フランス語かな、それともドイツ語かな」となっています。（　　　）の後にétrangèreという女性単数形の形容詞がつき、さらにそのあとに、2つの言語名があげられています。それを手がかりにすると、女性名詞で、かつ言語に関わる単語を選択肢のなかから選ばなければなりません。この条件にあてはまるものは③ langue 女「言語」になります。得点率は77%でした。

正解とならなかった選択肢は、⑦ viande 女「肉」と⑧ voix 女「声」です。

この問題の平均得点率は74%でした。

解答 (1) ⑥ (2) ⑤ (3) ④ (4) ② (5) ① (6) ③

8 **解説** 長文の内容を読み取る問題です。

生まれ故郷の村でりんご栽培を始めた32歳のギヨームのことが語られています。ポイントをきちんとおさえながら、正確に読み解いていきましょう。

まず本文に出てくる単語と表現を見ておきます。
pomme [女]「りんご」、beaucoup de ＋無冠詞名詞「たくさんの〜」、jus [男]「ジュース、果汁」、goût [男]「味、趣味」、délicieux, *se*「おいしい」、est né (naître)「生まれる」複合過去、Canada [男]「カナダ」、aujourd'hui「きょう」、plus de ＋無冠詞名詞「より多くの〜」、cultivent (cultiver)「栽培する」直説法現在、Europe [女]「ヨーロッパ」、a quitté (quitter)「離れる、別れる」複合過去、travail [男]「仕事」、devenir「〜になる」不定詞、village [男]「村」、alors「その時」、s'est intéressé à (s'intéresser à)「〜に関心がある」複合過去、pouvoir「〜できる」不定詞、il faut ＋不定詞「〜しなければならない」、membre [男]「メンバー」、est devenu (devenir)「〜になる」複合過去、il y a ＋時間表現「(今から) 〜前に」、grâce à「〜のおかげで」、aide [女]「援助」、jeune「若い」、fruit [男]「くだもの」、facilement「簡単に」、long, *ne*「長い」、expérience [女]「経験」、expliquent (expliquer)「説明する」直説法現在、important, *e*「大切な」、respecter「尊重する」不定詞、environnement [男]「環境」、tout à fait「完全に」、d'accord「賛成である」、façon [女]「やり方」、penser「考える」不定詞

(1) 「『ジュリー・ドール』は果汁が多く、とてもおいしいりんごである」については、本文1〜2行目にLa pomme « Julie d'or » a beaucoup de jus et un goût délicieux.「『ジュリー・ドール』というりんごは果汁が多く、おいしい味がする」とありますから、本文の内容と一致します。得点率は99%でした。

(2) 「『ジュリー・ドール』はヨーロッパで生まれた品種である」については、

本文の2行目にElle est née en 1973 au Canada.「それ（『ジュリー・ドール』）は1973年にカナダで生まれた」とありますから、本文の内容に一致しません。得点率は98%でした。

(3)「ギヨームは生まれ故郷の村でずっと農業に従事してきた」については、本文の4～5行目にGuillaume, 32 ans, a quitté son travail pour devenir agriculteur dans le petit village où il est né.「32歳のギヨームは、自分の生まれた小さな村で農業従事者になるために、仕事をやめた」とありますから、本文の内容に一致しません。得点率は53%と低くなりました。主動詞quitter「離れる、別れる、退く」の意味がわからなかった受験生が比較的多かったようです。

(4)「ギヨームは1年前に『ジュリー・ドール』協会の会員になった」については、本文の6～7行目にPour pouvoir la cultiver, il faut être membre de l'association « Julie d'or ». Il est devenu membre il y a un an.「それ（『ジュリー・ドール』）を栽培できるようになるためには、『ジュリー・ドール』協会の会員にならなければならない。ギヨームは1年前に会員になった」とありますから、本文の内容と一致します。得点率は94%でした。

(5)「『ジュリー・ドール』協会には経験の浅い生産者しかいない」については、本文9～10行目にDes membres qui ont une longue expérience leur expliquent...「長い経験を積んだ会員たちは彼ら（若い生産者）に～を説明する」とありますから、本文の内容と一致しません。得点率は96%でした。

(6)「ギヨームは『ジュリー・ドール』協会の環境に関する考え方に賛同している」については、本文10～12行目に... il est très important de respecter l'environnement. Guillaume est tout à fait d'accord avec cette façon de penser de l'association.「〔…〕環境を尊重することは非常に大切である。ギヨームは協会のこの考え方に全面的に賛成している」とありますから、本文の内容に一致します。得点率は97%でした。

この問題の平均得点率は90%でした。

解答 (1) ①　(2) ②　(3) ②　(4) ①　(5) ②　(6) ①

9 **解説** 適切なフランス語の文を選んで（　　）に入れ、会話を完成させる問題です。

(1) アリーズは1番目のせりふで Théo, tu dors ? Réveille-toi !「テオ、眠ってる？起きて！」とテオを起こしています。それに対してテオは（ 1 ）?と質問しています。この質問に対して、アリーズが J'ai entendu du bruit.「もの音が聞こえたの」と応じています。以上のことから、（ 1 ）で、テオはなぜアリーズが自分を起こすのか、一体何があったのかを尋ねていると推定できます。選択肢のなかでもっとも適切なのは③ qu'est-ce qu'il y a で「どうしたの」という意味になります。得点率は55%でした。

(2) アリーズはテオの質問に「もの音が聞こえたの」と答えたあと、つづけざまに Écoute ! Tu entends ?「耳をすませて！聞こえる？」と尋ねています。この質問に対して、テオは2番目のせりふで Oui. Quelqu'un semble frapper à la porte.「うん、だれかがドアをノックしているようだね」と応じています。それに対して、アリーズは3番目のせりふで（ 2 ）?と尋ね、テオは Je ne sais pas qui.「さあ、だれだろう」と応じています。以上のことから判断すると、（ 2 ）で、アリーズはドアをノックしているのはだれかを尋ねていると推定できます。選択肢のなかでそれにあたるのは④ qui donc「じゃあ、だれかしら」しかありません。得点率は57%でした。

(3) テオは3番目のせりふの後半で、Bon, je vais voir. Toi, tu restes ici ?「よし、見に行くよ。君はここに残るかい」と尋ねたあとで、アリーズが（ 3 ）と答え、さらに、je viens avec toi. J'ai peur.「あなたと一緒に行くわ。こわいもの」と言っています。（ 3 ）にはテオの質問に否定で答える表現が入ると推定できます。選択肢のなかでもっとも適切なのは① mais non で「いいえ」という意味になります。この mais は逆説を表わす接続詞「しかし」ではなく、oui、non、si の答えを強調する副詞です。得点率は72%でした。

(4) テオは4番目のせりふの最初で Tu es prête ? J'ouvre la porte...「準備はいいかい。ドアを開けるよ…」と言い、そのあと、ドアの外を見たアリーズがIl n’y a personne ! C’est bizarre !「だれもいないわ！変よ！」と言っています。それに対して、テオもJe ne vois rien, moi non plus.「僕にもなにも見えないな」と応じています。おそらく二人でドアの外を見まわしているのでしょう。そして、アリーズがMais si,「いや、いるわ！」と言い、つづけざまに（　4　）! と言っています。最後には、C’est un pivert qui fait ce bruit sur un arbre !「ヨーロッパアオゲラだわ、あのもの音を木の上で立てているわ！」と、アリーズがもの音の正体をつきとめています。以上のことと、（　4　）に感嘆符がついていることから判断すると、（　4　）にはアリーズが自分の見つけたもの音の正体をテオに示そうとして、テオに注意をうながしているか、あるいは、何か驚きを示す表現が入ると推定されます。選択肢のなかでもっとも適切なのは⑤ regarde「見て」です。得点率は76%でした。

この問題の平均得点率は65%でした。

解答　(1) ③　(2) ④　(3) ①　(4) ⑤

聞き取り試験

解説・解答

1

(読まれる会話文)

Emma : Bonjour, Hugo ! Tu as passé un bon week-end ?

Hugo : Oui, samedi, je suis allé chez ma sœur. On a fait un petit dîner en famille.

Emma : Ta sœur a un petit garçon, non ? Il était là ?

Hugo : Bien sûr. Tiens, voilà sa photo.

Emma : Ah, c'est vraiment lui ? Il est grand maintenant !

Hugo : Il vient d'avoir six ans. Je lui ai apporté un cadeau d'anniversaire.

解説 部分書き取りの問題です。エンマとユゴーの会話です。ユゴーが週末の出来事をエンマに話しています。エンマはユゴーに小さな甥がいることを知っているようです。

(1) エンマによい週末を過ごしたか尋ねられたユゴーは、Oui, samedi, je suis allé chez ma sœur. On a fait un petit dîner en (famille).「うん、土曜日は姉（妹）の家に行ったよ。家族でちょっとした夕食会を開いたんだ」と答えています。得点率は75%と、以下の4問よりもはるかに高くなりました。

(2) エンマはつづいて、Ta sœur a un petit garçon, non ?「あなたのお姉さん（妹さん）には小さい男の子がいるわよね」と確認し、さらに、Il (était) là ?「彼はいたの」と尋ねています。(　　　) には主語人称代名詞のあとにつづく単語が入り、しかもそのあとには場所を示す là がきますから、動

詞 être の 3 人称単数の活用形が入るということを、ほとんどの受験生は理解していました。しかし、この前の週末の話をしているにもかかわらず、現在形 *est* の誤答が目につきました。得点率は 28%とすこぶる低調でした。たとえ *est* のような音を聞き取ったとしても、過去時制と現在時制についての文法的知識を活用すれば、まちがいは回避できます。週末の夕食会という過去の時点において、姉(妹)の子供がどういう状態だったかを語るには、〈過去における現在〉を表わす半過去 était が使われます。

(3) ユゴーは夕食会に姉(妹)の子供ももちろんいたと答えて、Tiens, voilà sa photo.「ほら、彼の写真だよ」と、エンマに甥の写真を見せています。写真を見たエンマは、Ah, c'est (vraiment) lui ? Il est grand maintenant !「まあ、本当に彼なの？もう大きいのね」と驚いています。基本的な副詞の聞き取りでしたが、得点率は 42%にとどまりました。誤答のなかに *vraimont* や *vraimaint* などがありました。語尾のまちがいについては、副詞 vraiment の末尾の鼻母音は口を大きく開けて発される音ですから、口を丸くすぼめた鼻母音 -on や、日本語の「エ」のような口をなかば開いた鼻母音 -ain と識別できるのが望ましいです。それが難しくとも、文法的知識から（　　　）のなかには副詞が入ると判断でき、さらに、多くの形容詞は末尾を単数女性形など母音字にし、そのあとに -ment の接尾辞をつけると、副詞にできるということを知っていれば、誤答は回避できました。

(4) ユゴーの甥がすっかり大きくなっているのに驚くエンマに対して、ユゴーが Il vient (d'avoir) six ans.「彼は 6 歳になったところだよ」と応じています。〈venir de ＋不定詞〉は「〜したところである」の近接過去を表し、年齢は〈avoir ＋数詞＋ an(s)〉で表します。de と avoir がエリジオンで結びついて 1 語として発音されるため聞き取りは少々むずかしいですが、3 級レベルの文法的知識があれば、正解にたどりつけるはずです。得点率は 40%でした。*avoir*、*devoir* などの誤答が見られました。

(5) 甥が 6 歳を迎えたばかりだと言ったユゴーは、甥の誕生を祝うために、Je lui ai apporté un (cadeau) d'anniversaire.「僕は彼に誕生日プレゼントを持っていったよ」と言っています。*4* あるいは *quatre* などの誤答がめだちました。たしかに cadeau と quatre は第一音節の発音が同一ということもあって、似た発音だと言えなくもありません。しかし、聞き取った音のつづりの単語が文のなかで正しい役割を担い、意味が通じるかどうかを文法的知識に照らして確認し、必要があればその場で修正できるようにならなければなりません。得点率は32%でした。

この問題の平均得点率は43%でした。

解答　(1) famille　(2) était　(3) vraiment
(4) d'avoir　(5) cadeau

2

(読まれる文)

(1) Elle porte ses lunettes sur ses cheveux.
(2) Elle nettoie ses lunettes avec un mouchoir.
(3) Elle choisit des lunettes dans un magasin.
(4) Elle a cassé ses lunettes.
(5) Elle parle à une amie avec ses lunettes à la main.

解説　聞き取ったフランス語の文にもっともふさわしい状況を表わす絵を選ぶ問題です。今回の問題ではすべての絵に「女性」と「眼鏡」(複数形 lunettes) が描かれています。「女性」が「眼鏡」をどうしているかを聞き取ることがポイントになります。

(1) 「彼女は髪の上に眼鏡をかけている」という意味です。女性が眼鏡を頭の上にのせているすがたが確認されるのは⑦しかありませんので、これが正答になります。得点率は56%でした。

(2) 「彼女はハンカチで眼鏡をきれいにしている」という意味です。小さな布で眼鏡のレンズを拭いている女性のすがたが描かれているのは①だけですので、これが正答になります。得点率は51%でした。

(3) 「彼女は店内で眼鏡を選んでいる」という意味です。商品が陳列されている眼鏡店内を背景にして、商品を手にとって眺めている女性のすがたが描かれているのは⑥だけですので、これが正答になります。得点率は 89%でした。

(4) 「彼女は自分の眼鏡をこわした」という意味です。複合過去の表現になっています。レンズの割れた眼鏡を手にしている女性が描かれているのは④ですので、これが正答になります。得点率は 66%でした。

(5) 「彼女は眼鏡を片手に持って、女友だちに話をしている」という意味です。女性 2 人描かれているのは②と⑧ですが、②は左側の女性が眼鏡をかけているのに対して、⑧の左側の女性は右手で眼鏡のフレームを持っていますから、⑧が正答になります。得点率は 70%でした。

この問題の平均得点率は 67%でした。

解答　(1) ⑦　(2) ①　(3) ⑥　(4) ④　(5) ⑧

3

(読まれる会話文)

Rose : Tu ne manges pas beaucoup, Marc. Tu ne te sens pas bien ?

Marc : Non. J'ai mal aux dents.

Rose : Depuis quand ?

Marc : Depuis hier soir.

Rose : Tu as téléphoné à ton dentiste ?

Marc : Oui. Mais il est en vacances en ce moment. Il revient lundi prochain.

Rose : Oh là là. C'est dans cinq jours ! Va chez mon dentiste. Il est excellent. Si tu veux, je peux lui téléphoner pour toi.

Marc : Merci. Je veux bien.

解説 会話文を聞き取り、日本語の文がその内容に一致しているかどうかを答える問題です。歯痛で困っているマルクに、ローズがある提案をしています。2人の間でどのような会話がなされたのかを注意深く聞き取ってください。

(1)「マルクは、けさから歯が痛い」については、ローズがTu ne manges pas beaucoup, Marc. Tu ne te sens pas bien ?「マルク、あまり食べないわね。気分が良くないの」と尋ねたのに対し、マルクはNon. J'ai mal aux dents.「うん、歯が痛いんだ」と応じています。さらにそれに対して、ローズがDepuis quand ?「いつから」と問い、マルクはDepuis hier soir.「昨晩からだよ」と答えています。マルクの歯痛はけさからではなく、昨晩からであるとはっきり言っていますから、対話の内容に一致しません。得点率は87%でした。

(2)「マルクは自分の歯科医にまだ電話をかけていない」については、ローズがTu as téléphoné à ton dentiste ?「歯科医には電話をした？」と尋ねたのに対し、マルクはOui.「したよ。」と答えています。したがって、対話の内容に一致していません。得点率は92%でした。

(3)「マルクの歯科医はバカンスから今度の月曜日にもどってくる」については、マルクが歯科医に電話をしたと返答したあと、Mais il est en vacances en ce moment. Il revient lundi prochain.「でも、彼は今バカンス中で、今度の月曜日にもどってくるんだ」と話をつづけていますので、対話の内容に一致します。得点率は90%でした。

(4)「ローズの歯科医は腕がいい」については、次の月曜日にならないとマルクの歯科医がもどってこないことを知ったローズが、Oh là là. C'est dans cinq jours ! Va chez mon dentiste. Il est excellent.「あら、5日後じゃないの！私のかかりつけの歯医者へ行きなさいよ。彼は優秀よ」と応じていますので、対話の内容に一致します。得点率は99%でした。

(5)「マルクはローズの提案を受け入れた」については、ローズが自分の歯科医に診てもらうことをマルクに勧めて、Si tu veux, je peux lui téléphoner pour toi.「よかったら、彼に電話をしてあげてもいいわよ」と提案し、それに対して、マルクはMerci. Je veux bien.「ありがとう。ぜひお願い」と言っていますので、対話の内容に一致します。得点率は99%でした。

この問題の平均得点率は93%でした。

解答 (1) ② (2) ② (3) ① (4) ① (5) ①

配点表

問題番号	筆記試験	1	2	3	4	5	6	7	8	9	小計	聞き取り	1	2	3	小計	合計
点		8	10	8	8	8	8	6	6	8	70		10	10	10	30	100

4級

4級の内容と程度

● **程 度**

日常の基礎的なフランス語を理解し、読み、聞き、書くことができる。

標準学習時間：100時間（大学で週1回の授業なら2年間、週2回の授業なら1年間の学習に相当）。

● **試験内容**

読 む	基礎的な文の構成と文意の理解。基礎的な対話の理解。
聞 く	基礎的な文の聞き分け、日常使われる基礎的な応答表現の理解、数の聞き取り。
文法知識	日常使われる基礎的な文を構成するのに必要な文法知識。動詞としては、直説法（現在、近接未来、近接過去、複合過去、半過去、単純未来）、命令法等。

語彙：約920語

● **試験形式**

1次試験のみ（100点）

筆 記	問題数8問、配点66点。試験時間45分。マークシート方式。
聞き取り	問題数4問、配点34点。試験時間15分。マークシート方式。

4級の傾向と対策

4級では、合格の基準を「日常の基礎的なフランス語を理解し、読み、聞き、書くことができる」と定めています。書くといっても、4級では記述式の問題は出題されません。解答の方法は各問とも選択肢から番号を選ぶマークシート方式です（聞き取り試験2では、聞き取った数に対応する数字の番号を選択）。

試験は筆記試験と聞き取り試験からなり、次のように構成されています。

筆記試験：8問／配点66点／試験時間45分
聞き取り試験：4問／配点34点／試験時間15分

4級を受験するための目安とされている標準学習時間は100時間程度です。大学の授業に置きかえると、週2回の授業であれば1年間、週1回であれば2年間程度の学習時間に相当します。

4級で出題される文法事項は、「日常使われる基礎的な文を構成するのに必要な文法知識」となっています。名詞を限定する**冠詞**（不定冠詞、定冠詞、部分冠詞）、**指示形容詞**、**所有形容詞**の形と基本的な用法だけでなく、名詞のかわりとなる代名詞の知識も必要となります。**人称代名詞**（**直接目的語**、**間接目的語**、**強勢形**）、**中性代名詞**および**指示代名詞**の使い分けや、基本的な**前置詞**の用法に慣れておきましょう。

動詞の時制では**近接未来**、**近接過去**、**直説法**（**現在**、**複合過去**、**半過去**、**単純未来**）、**命令法**を中心とした活用形と用法が4級の範囲となります。

「読む」力では、日常的な場面を伝える文を理解したり、短い会話文の内容を読み取る力が問われます。

「聞く」力では、日常生活で使われる簡単なやりとりを聞き取ったり、平易な会話文の内容を聞き取る力がためされます。また5級と同じく数の聞き取りがあり、2桁の数が中心になります。

4級では、5級に出題されない代名詞（筆記2）と前置詞（筆記6）の問題があり、動詞の時制と活用形の範囲も広くなります。また対話文を完成する問題（筆記3）では語彙力、表現力がためされます。とくに代名詞、前置詞の知識は、4級レベルをクリアするためのポイントの1つになります。

語彙数は『仏検　公式基本語辞典3級・4級・5級』（フランス語教育振興協会編、朝日出版社）で選定されているように、5級レベルが550語、4級レベルではさらに370語が加わりますので、920語の語彙知識が求められています。本文中では『仏検公式基本語辞典』と表記し、ページ番号は初版第3刷（2015年）によります。

以下に、2019年度春季および秋季の問題冊子と解説・解答を掲載しています。

発音の仮名表記については以下のようにしてあります。

1. 注意すべき個別の発音表記は、→　の右の [　] のとおりです。

[b] → [ブ]	[l] → [ル]	[ɔ̃] → [オン]
[v] → [ヴ]	[r] → [る]	

2. リエゾンやアンシェヌマンがおきるところは下線が引かれています。

trois heures [trwɑzœːr トろワズーる]

douze heures [duzœːr ドゥズーる]

2019年度　秋季　実用フランス語技能検定試験（4級）　解答用紙

解答用紙（雛型）（67%縮小）

会　場　名
氏　名

会場コード
⓪①②③④⑤⑥⑦⑧⑨ (×6)

受験番号
⓪①②③④⑤⑥⑦⑧⑨ (×8)

筆記

1

解答番号	解答欄
(1)	① ② ③ ④ ⑤ ⑥
(2)	① ② ③ ④ ⑤ ⑥
(3)	① ② ③ ④ ⑤ ⑥
(4)	① ② ③ ④ ⑤ ⑥

2

解答番号	解答欄
(1)	① ② ③
(2)	① ② ③
(3)	① ② ③
(4)	① ② ③
(5)	① ② ③

3

解答番号	解答欄
(1)	① ② ③
(2)	① ② ③
(3)	① ② ③
(4)	① ② ③

4

解答番号	解答欄
(1)	① ② ③
(2)	① ② ③
(3)	① ② ③
(4)	① ② ③
(5)	① ② ③

5

解答番号	解答欄
(1)	① ② ③ ④
(2)	① ② ③ ④
(3)	① ② ③ ④
(4)	① ② ③ ④
(5)	① ② ③ ④

6

解答番号	解答欄
(1)	① ② ③
(2)	① ② ③
(3)	① ② ③
(4)	① ② ③

7

解答番号	解答欄
(1)	① ② ③ ④ ⑤ ⑥ ⑦ ⑧ ⑨
(2)	① ② ③ ④ ⑤ ⑥ ⑦ ⑧ ⑨
(3)	① ② ③ ④ ⑤ ⑥ ⑦ ⑧ ⑨
(4)	① ② ③ ④ ⑤ ⑥ ⑦ ⑧ ⑨
(5)	① ② ③ ④ ⑤ ⑥ ⑦ ⑧ ⑨
(6)	① ② ③ ④ ⑤ ⑥ ⑦ ⑧ ⑨

8

解答番号	解答欄
(1)	① ②
(2)	① ②
(3)	① ②
(4)	① ②
(5)	① ②
(6)	① ②

聞き取り

1

解答番号	解答欄
(1)	① ② ③ ④ ⑤ ⑥
(2)	① ② ③ ④ ⑤ ⑥
(3)	① ② ③ ④ ⑤ ⑥
(4)	① ② ③ ④ ⑤ ⑥

2

解答番号	解答欄
(1)	① ②
(2)	① ②
(3)	① ②
(4)	① ②

3

解答番号	解答欄
(1)	⓪ ① ② ③ ④ ⑤ ⑥ ⑦ ⑧ ⑨
	⓪ ① ② ③ ④ ⑤ ⑥ ⑦ ⑧ ⑨
(2)	⓪ ① ② ③ ④ ⑤ ⑥ ⑦ ⑧ ⑨
	⓪ ① ② ③ ④ ⑤ ⑥ ⑦ ⑧ ⑨
(3)	⓪ ① ② ③ ④ ⑤ ⑥ ⑦ ⑧ ⑨
	⓪ ① ② ③ ④ ⑤ ⑥ ⑦ ⑧ ⑨
(4)	⓪ ① ② ③ ④ ⑤ ⑥ ⑦ ⑧ ⑨
	⓪ ① ② ③ ④ ⑤ ⑥ ⑦ ⑧ ⑨

4

解答番号	解答欄
(1)	① ②
(2)	① ②
(3)	① ②
(4)	① ②
(5)	① ②

マークについての注意事項

1. マークはかならずHBまたはBの黒鉛筆（シャープペンシル可）で○の中を**正確に塗りつぶしてください**（下記マーク例参照）。ボールペンや万年筆等でマークした解答は機械による読み取りの対象とならないため、採点されません。
2. 訂正の場合は、プラスチック製消しゴムできれいに消してください。
3. **解答用紙を折り曲げたり、破ったり、汚したりしないでください。**

マーク例

良い例	悪い例

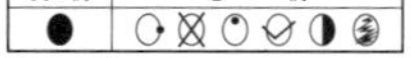

2019年度春季
実用フランス語技能検定試験
試験問題冊子　〈 4 級 〉

問題冊子は試験開始の合図があるまで開いてはいけません。

筆 記 試 験	11 時 45 分 ～ 12 時 30 分 (休憩なし)
聞き取り試験	12 時 30 分から約 15 分間

◇問題冊子は表紙を含め 16 ページ、筆記試験が 8 問題、聞き取り試験が 4 問題です。

注　意　事　項

1　途中退出はいっさい認めません。

2　筆記用具は **HB または B の黒鉛筆** (シャープペンシルも可) を用いてください。ボールペンや万年筆等でマークした解答は機械による読み取りの対象とならないため、採点されません。

3　解答用紙の所定欄に、**受験番号**と**カナ氏名**が印刷されていますから、まちがいがないか、**確認**してください。

4　**解答は、解答用紙の解答欄にマークしてください。**たとえば、1 の (1) に対して ③ と解答する場合は、次の例のように解答欄の ③ にマークしてください。

例

1	解答番号	解　答　欄
	(1)	①　②　●　④　⑤　⑥

5　解答に関係のないことを書いた答案は無効にすることがあります。

6　解答用紙を折り曲げたり、破ったり、汚したりしないように注意してください。

7　問題内容に関する質問はいっさい受けつけません。

8　不正行為者はただちに退場、それ以降および来季以後の受験資格を失うことになります。

9　**携帯電話等の電子機器の電源はかならず切って、かばん等にしまってください。**

10　**時計のアラームは使用しないでください。**

11　この試験問題の複製 (コピー) を禁じます。また、この試験問題の一部または全部を当協会の許可なく他に伝えたり、漏えいしたりすることを禁じます (インターネットや携帯サイト等に掲載することも含みます)。

筆記試験終了後、休憩なしに聞き取り試験にうつります。

1　次の (1) ～ (4) の (　　) 内に入れるのにもっとも適切なものを、下の ① ～ ⑥ のなかから 1 つずつ選び、解答欄のその番号にマークしてください。ただし、同じものを複数回用いることはできません。(配点　8)

(1) C'est (　　) nouvelle gare.

(2) Les fleurs sont très belles (　　) printemps.

(3) Marion a (　　) yeux noirs.

(4) Tu as (　　) argent ?

① au　　② de l'　　③ du
④ le　　⑤ les　　⑥ une

（解説・解答 ▶ p.120）

2

次の対話 (1) ～ (5) の (　　) 内に入れるのにもっとも適切なものを、それぞれ ① ～ ③ のなかから1つずつ選び、解答欄のその番号にマークしてください。(配点　10)

(1) — Quelle voiture préférez-vous ?
— Je préfère (　　)-ci.

① celle　　② celui　　③ ceux

(2) — Qu'est-ce que tu veux ?
— Un jus d'orange, s'il (　　) plaît.

① lui　　② me　　③ te

(3) — Tes fils ont fait ces sandwichs ?
— Non, ce ne sont pas (　　).

① elles　　② eux　　③ les

(4) — Tu as la clé ?
— Je ne (　　) trouve pas.

① elle　　② la　　③ lui

(5) — Vous avez des amis au Japon ?
— Oui, nous (　　) avons beaucoup.

① en　　② lui　　③ y

(解説・解答 ▶ p.121)

3　次の (1) ～ (4) の **A** と **B** の対話を完成させてください。**B** の下線部に入れるのにもっとも適切なものを、それぞれ ① ～ ③ のなかから 1 つずつ選び、解答欄のその番号にマークしてください。(配点　8)

(1) **A** : Bonjour, monsieur. Vous cherchez quelque chose ?
B : ______________________
A : De quelle couleur ?

① Ça commence à quelle heure ?
② Oui, je voudrais un pantalon.
③ Vous avez du lait ?

(2) **A** : Est-ce que vous avez vu Amandine ce matin ?
B : ______________________
A : La cousine de Paul.

① C'est qui, Amandine ?
② Non, elle est où ?
③ Oui. Elle va bien ?

(3) **A** : Qu'est-ce que tu as fait dimanche ?
B : ______________________
A : Ah, tu étais malade ?

① J'ai joué au tennis avec des amis.
② Je suis allé à l'hôpital.
③ Je vais me promener avec des amis.

(4) **A** : Tu viens dîner chez moi ?
B : ______________________
A : À sept heures, ça te va ?

① Bien sûr. C'est gentil.
② Merci, mais je suis occupée ce soir.
③ Oui, ce restaurant est très bon.

(解説・解答 ▶ p.124)

4　次の日本語の文 (1) ～ (5) の下には、それぞれ対応するフランス語の文が記されています。(　　) 内に入れるのにもっとも適切なものを、それぞれ ① ～ ③ のなかから1つずつ選び、解答欄のその番号にマークしてください。(配点　10)

(1)　君の自転車、貸してくれる？

Tu　me　(　　)　ton　vélo ?

① prêtera　② prêteras　③ prêterez

(2)　そのとき、私は新聞を読んでいた。

Je　(　　)　le　journal　à　ce　moment-là.

① lirai　② lis　③ lisais

(3)　トマ、メラニー、急いで。

Thomas,　Mélanie,　(　　) !

① dépêche-toi　② dépêchez-vous　③ vous　dépêchez

(4)　私たちはよく祖母に手紙を書きます。

Nous　(　　)　souvent　à　notre　grand-mère.

① écris　② écrivez　③ écrivons

(5)　私の妹はイギリスに3週間滞在した。

Ma　sœur　(　　)　trois　semaines　en　Angleterre.

① est　resté　② est　restée　③ sont　restées

(解説・解答 ▶ p.125)

5　例にならい、次の (1) ～ (5) において、それぞれ ① ～ ④ をすべて用いて文を完成したときに、(　　) 内に入るのはどれですか。① ～ ④ のなかから 1 つずつ選び、解答欄のその番号にマークしてください。(配点　10)

例：Il ______ ______ (______) ______ .

① a　② content　③ l'air　④ très

Il __a__ __l'air__ (__très__) __content__ .
①　③　④　②

となり、①③④② の順なので、(　　) 内に入るのは ④。

(1) Audrey ______ ______ (______) ______ frère.

① autant　② mange　③ que　④ son

(2) Elles sont ______ ______ (______) ______ en Italie.

① de　② heureuses　③ très　④ voyager

(3) Il ______ ______ (______) ______ aller à la gare.

① faut　② minutes　③ pour　④ quinze

(4) Je vais acheter ______ ______ (______) ______ .

① blanche　② cette　③ jolie　④ robe

(5) Tu ______ ______ (______) ______ bibliothèque aujourd'hui.

① à　② dois　③ la　④ travailler

(解説・解答 ▶ p.127)

6

次の (1) ～ (4) の（　　）内に入れるのにもっとも適切なものを、それぞれ ① ～ ③ のなかから1つずつ選び、解答欄のその番号にマークしてください。(配点　8)

(1) Je fais les courses (　　) le week-end.

① avec　② pendant　③ sous

(2) Mon grand-père est né (　　) 1924.

① de　② en　③ par

(3) On va jouer au tennis (　　) le travail ?

① après　② devant　③ sur

(4) Patrice étudie le japonais (　　) cinq ans.

① depuis　② parmi　③ sans

(解説・解答 ▶ p.129)

7　次の (1) ～ (6) にもっともふさわしい絵を、下の ① ～ ⑨ のなかから 1 つずつ選び、解答欄のその番号にマークしてください。ただし、同じものを複数回用いることはできません。(配点　6)

(1) Olivier boit du café.
(2) Olivier parle avec des amies.
(3) Olivier prend une douche.
(4) Olivier se lave les mains.
(5) Olivier tombe dans l’escalier.
(6) Olivier traverse la rue.

①

②
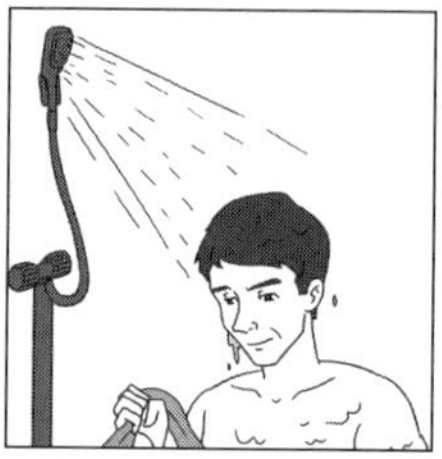

③

④

⑤

⑥

⑦

⑧

⑨

(解説・解答 ▶ p.130)

8　次の会話を読み、下の (1) ～ (6) について、会話の内容に一致する場合は解答欄の ① に、一致しない場合は ② にマークしてください。(配点　6)

Sandrine : Allô, Pierre ? C'est moi Sandrine.
Pierre : Bonjour Sandrine.
Sandrine : Tu as bien dormi ?
Pierre : Oui, j'étais très fatigué hier soir. Je me suis couché sans manger.
Sandrine : Ah bon. Tu as beaucoup marché ?
Pierre : Oui. J'ai visité deux musées le matin et le vieux quartier l'après-midi.
Sandrine : Tu as aimé la ville ?
Pierre : Oui, beaucoup.
Sandrine : Et qu'est-ce que tu vas faire aujourd'hui ?
Pierre : Je vais voir le château et ses jardins. Tu m'accompagnes ?
Sandrine : Avec plaisir, je ne travaille pas aujourd'hui. J'arrive à ton hôtel dans une demi-heure, si tu veux ?
Pierre : D'accord.

(1) ピエールはきのうの夜、よく眠れた。

(2) ピエールはきのうの夜、寝る前に食事をとった。

(3) ピエールはきのう午前中に、旧市街に行った。

(4) ピエールは、この町が大好きになった。

(5) ピエールとサンドリーヌは、きょうは城と庭を見学するつもりだ。

(6) サンドリーヌは、1 時間後にピエールのホテルに行く。

(解説・解答 ▶ p.132)

聞き取り試験問題

聞 き 取 り 試 験 時 間 は、
12 時 30 分 か ら 約 15 分 間

注 意 事 項

1　聞き取り試験は、CD・テープでおこないますので、CD・テープの指示にしたがってください。

2　解答はすべて筆記試験と同じ解答用紙の解答欄に、**HBまたはBの黒鉛筆**（シャープペンシルも可）でマークしてください。ボールペンや万年筆等でマークした解答は機械による読み取りの対象とならないため、採点されません。

1

• フランス語の文 (1) ～ (4) を、それぞれ 3 回ずつ聞いてください。
• それぞれの文にもっともふさわしい絵を、下の ① ～ ⑥ のなかから 1 つずつ選び、解答欄のその番号にマークしてください。ただし、同じものを複数回用いることはできません。
(メモは自由にとってかまいません) (配点　8)

[音声を聞く順番]　⓯ → ⓰

(1)

(2)

(3)

(4)

①

②

③

④

⑤

⑥

(解説・解答 ▶ p.134)

2

- フランス語の質問 (1) ～ (4) を、それぞれ3回ずつ聞いてください。
- (1) ～ (4) の質問に対する応答として適切なものを、それぞれ ①、② から選び、解答欄のその番号にマークしてください。

（メモは自由にとってかまいません）（配点　8）

［音声を聞く順番］ ⓱→⓲

(1) ① À Tokyo.
　　② Dans deux jours.

(2) ① Du gâteau.
　　② Du poisson.

(3) ① En Europe.
　　② Fin juillet.

(4) ① La chanson française.
　　② La cuisine chinoise.

（解説・解答 ▶ p.135）

3

- フランス語の文 (1) ～ (4) を、それぞれ3回ずつ聞いてください。
- どの文にもかならず数が含まれています。例にならって、その数を解答欄にマークしてください。

（メモは自由にとってかまいません）（配点　8）

［音声を聞く順番］ ⓳→⓴

(例)

・「7」と解答したい場合には、

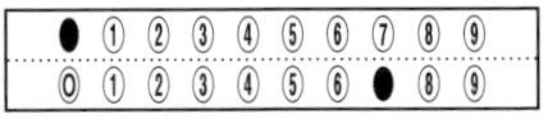

とマークしてください。

・「15」と解答したい場合には、

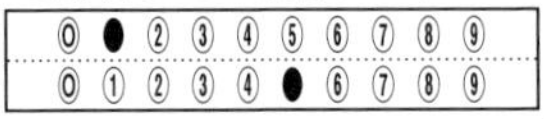

とマークしてください。

(1)

(2)

(3)

(4)

（解説・解答 ▶ p.136）

4

- レアとユゴーの会話を3回聞いてください。
- 次の(1)～(5)について、会話の内容に一致する場合は解答欄の①に、一致しない場合は②にマークしてください。
  （メモは自由にとってかまいません）（配点　10）

［音声を聞く順番］　㉑→㉒→㉓

(1)　クロエはパリに到着している。

(2)　ユゴーはクロエに会ったことがある。

(3)　クロエはいま17歳である。

(4)　ユゴーはクロエに会うのを楽しみにしている。

(5)　ユゴーは土曜の朝早くレアの家へ行くことになった。

（解説・解答 ▶ p.138）

2019 年度春季 4 級

今季の出願者 2,017 名のうち受験者は 1,786 名。合格者は 1,453 名で、実受験者に対する合格率は 81%でした。合格率は 2018 年秋季 82%、2018 年春季 80%ですから、ほぼ変わっていません。平均得点率については、筆記試験が 76%、聞き取り試験が 73%、全体では 75%でした。全体の平均得点率は、2018 年秋季 73%　2018 年春季 74%ですから、こちらも安定しているといえます。ただし今回は、聞き取り試験の平均得点率が筆記試験の平均得点率をやや下回っています。

出題内容のあらまし

[筆記]

1 冠詞、前置詞＋冠詞（穴うめ・選択）
2 代名詞（穴うめ・選択）
3 対話文（仏文選択）
4 動詞活用（穴うめ・選択）
5 語順（語句の並べかえによる仏文完成・選択）
6 前置詞（穴うめ・選択）
7 短文（仏文に対応する絵の選択）
8 会話文（内容一致・和文選択）

[聞き取り]

1 短文（仏文に対応する絵の選択）
2 応答文（仏文選択）
3 数（マーク式による記入）
4 会話文（内容一致・和文選択）

筆記試験

解説・解答

1 **解説** 不定冠詞、定冠詞、部分冠詞の用法のほか、前置詞と定冠詞の縮約に関する知識が問われます。

(1) C'est (une) nouvelle gare.「これ（それ、あれ）は新しい駅です」

名詞 gare「駅」は単数形です。その gare につく形容詞 nouvelle「新しい」は女性形（男性単数形は nouveau）ですから、gare が女性名詞であることがわかります。さて nouvelle gare の前には冠詞が必要です。この駅がすでに対話者の間で話題になっており、どの駅かが特定化されているときは、定冠詞をともないますが、初めて話題になるときは、不定冠詞「ある、ひとつの」がつきます。選択肢から、不定冠詞を探すと女性単数の名詞につく ⑥ une しかありません。正解は ⑥ une になります。

得点率は86%でした。

(2) Les fleurs sont très belles (au) printemps.「春には、花々がとても美しい」

季節を表わす名詞はすべて男性名詞ですが、「〜（の季節）で」を表現するときに、母音で始まる été「夏」、automne「秋」、hiver「冬」は前置詞 en を、子音で始まる printemps「春」は、前置詞 à と定冠詞 le の縮約形 au をともないます。正解は ① au になります。

得点率は52%でした。

(3) Marion a (les) yeux noirs.「マリオンは黒い目をしている」

名詞 yeux「目」は、それにつく形容詞 noirs「黒い」の形から、複数の男性名詞であることがわかります。なお yeux [jø イユー] の単数形は œil [œj ウィユ] です。発音もつづりも変わりますので注意してください。さて、「目」のように身体の一部を表わす名詞に色を表わす形容詞などがついて、その人物の特徴として特定化されるときには、定冠詞がつきます。「目」はふつう複数で用いますので、この場合は複数の男性名詞につく定冠詞 les となります。正解は⑤ lesになります。
得点率は71%でした。

(4) Tu as (de l') argent ?「きみ、お金あるかい」
名詞argent「お金」が、このようにavoir「もつ」の直接目的語になって「いくらかのお金」という不特定の量を表わす場合には、部分冠詞をともないます。選択肢に部分冠詞を探すと② de l'と③ duがあります。duは、たとえばdu fromage「チーズ」のように、男性名詞でも子音で始まる語につきます。argentは男性名詞ですが、母音で始まる語なので、de l'という形の部分冠詞になります。ちなみに女性名詞につく部分冠詞も、子音で始まる語の前ではde laですが、母音で始まる語の前ではde l'となります（たとえば、de l'eau「水」)。正解は② de l'になります。
得点率は78%でした。。

問題1全体の得点率は72%でした。
解答 (1) ⑥ (2) ① (3) ⑤ (4) ②

2 **解説** 対話文で用いられる代名詞についての問題です。人称代名詞（直接目的・間接目的・強勢形）のほか、指示代名詞やen、yといった中性代名詞も出題されます。

(1) — Quelle voiture préférez-vous ?「どの自動車がお好みですか」— Je préfère (celle)-ci.「こちらが好きです」
指示代名詞の問題です。動詞préférerが、préférer A à B「BよりはAを好む」という比較の構文で用いられています。こちらのvoiture「自動車」かあちらのvoitureかの比較です。さて、voitureにかかる疑問形容詞は、女性単数形のQuelleですから、voitureが単数の女性名詞だと判断できます。それをうけることができる指示代名詞はcelleです。正解は① celleになります。② celuiは単数の男性名詞、③ ceuxは複数の男性名詞をうける指示代名詞です。また複数の女性名詞であれば、cellesになります。このタイプの指示代名詞は、一般に単独では用いられず、本問のように-ci「こちらの」や-là「あちらの」、あるいは前置詞deや関係代名詞をともないます。
得点率は76%でした

なお、動詞 préférer の直説法現在の活用は、〈je préfère、tu préfères、il / elle / on préfère、nous préférons、vous préférez、ils / elles préfèrent〉です。単数のすべての人称と 3 人称複数で、語幹の中のアクセント記号が変わりますので、注意しておきましょう。

(2) — Qu'est-ce que tu veux ?「何がほしい」— Un jus d'orange, s'il (te) plaît.「オレンジ・ジュース、お願い」

動詞 plaire は、次に〈前置詞 à + 人〉、つまり間接目的語をとって、「～（主語）が～（間接目的語）の気に入る（～を喜ばせる）」という形をとります。本問では tu で話しかけられているので、それにふさわしい間接目的語の人称代名詞は te になります。正解は③ te になります。s'il te plaît は s'il vous plaît（vous で話している場合）とともに、「もしそうすることがあなたの気に入るなら → お願いします」という依頼の定型表現として日常しばしば用います。Qu'est-ce que vous voulez ? ときかれたときには、— Un jus d'orange, s'il vous plaît. が正解になります。

得点率は 73%でした。

なお、動詞 vouloir の直説法現在の活用は、〈je veux、tu veux、il / elle / on veut、nous voulons、vous voulez、ils / elles veulent〉です。単数のすべての人称と 3 人称複数で、語幹が変わりますので、注意しておきましょう。

(3) — Tes fils ont fait ces sandwichs ?「きみの息子たちがこのサンドウィッチをつくったのかい」— Non, ce ne sont pas (eux).「いや、あの子たち（彼ら）じゃないよ」

人称代名詞の強勢形が問われています。提示表現 c'est ... / ce sont ...「これは～です」において人称代名詞を補語として用いる場合は、強勢形になります。主語の Tes fils「きみの息子たち」は男性の 3 人称複数「彼ら」ですから、それに対応する主語人称代名詞は ils になります。そしてその強勢形は eux です。正解は② eux になります。① elles は、3 人称複数女性の主語人称代名詞またはその強勢形の人称代名詞です。もし本問が Tes fils ではなく Tes filles「きみの娘たち」であれば、elles が正解になります。③ les は 3 人称複数の人称代名詞ですが、直接目的語の形なので、c'est (ce sont) のあとでは用いられません。

得点率は 51%でした。

なお人称代名詞の強勢形は、ほかに、主語の強調、前置詞のあと、比較の対象をみちびく que のあとなどにも用いられますので、確認しておきましょう。

(4) — Tu as la clé ?「鍵、もってる？」— Je ne (la) trouve pas.「見つからないんだ」

Tu as la clé ?は「主語＋動詞＋直接目的語」（君は鍵をもっているか）の構文です。ここでは、直接目的語の la clé「鍵を」をうける人称代名詞が問題となっています。clé「鍵」はそれにつく定冠詞 la からもわかるように単数の女性名詞です。それに対応する直接目的語の人称代名詞は la です。正解は② la になります。① elle は女性名詞をうけますが、主語人称代名詞または強勢形の人称代名詞ですから、不適当です。③ lui は3人称単数の間接目的語または3人称単数男性の人称代名詞強勢形ですから、ここには入りません。

得点率は73％でした。

(5) — Vous avez des amis au Japon ?「あなたたちは、日本に友人がいますか」— Oui, nous (en) avons beaucoup.「はい、たくさんいます」

空欄には des amis「友人」をうける代名詞が入ります。このとき、des amis は不定冠詞がついていることからもわかるように、複数の不特定な友人です。それを直接目的語としてうけることができるのは、中性代名詞 en です。数詞や beaucoup「たくさん」などの数量表現をともなう場合には、〈en＋動詞＋数詞／数量表現〉の形になります。たとえば、本問の — Oui, nous (en) avons beaucoup.「はい、たくさんいます」のほかに、— Oui, nous (en) avons deux.「はい、2人います」、— Oui, nous (en) avons plusieurs.「はい、何人かいます」などと答えることができます。正解は① en になります。② lui は3人称単数の間接目的語または3人称単数男性の人称代名詞強勢形ですから、動詞 avoir の直接目的語となることはできません。③ y は〈場所を示す前置詞（à、chez、dans、en、sur ...）＋名詞〉にかわったり、〈前置詞 à＋名詞（人以外のものや事がら）〉にかわったりする中性代名詞です。

得点率は62％でした。

問題[2]全体の得点率は67％でした。

解答　(1) ①　(2) ③　(3) ②　(4) ②　(5) ①

3　**解説**　3つの選択肢から適切な文を選び、対話文を完成する問題です。

(1)　**A** が、Bonjour, monsieur. Vous cherchez quelque chose ?「こんにちは（おはようございます）、何かおさがしですか」と尋ねています。それに対する **B** の応答として、① Ça commence à quelle heure ?「それは何時に始まるのですか」は不可能です。② Oui, je voudrais un pantalon.「はい。ズボンがほしいんですが」は可能です。③ Vous avez du lait ?「ミルクありますか」も可能です。**B** の応答に **A** は、De quelle couleur ?「何色ですか」と、きき返しているのですから、正解は ② Oui, je voudrais un pantalon. になります。

得点率は96%でした。

なお、je voudrais の voudrais は vouloir の条件法現在で、願望をていねいに表わします。4級レベルでもよく使用されますので、注意しておきましょう。

(2)　**A** が、Est-ce que vous avez vu Amandine ce matin ?「けさ、アマンディーヌに会いましたか」と **B** に尋ねています。それに答える **B** の選択肢のうち、①C'est qui, Amandine ?「（その人）だれですか、アマンディーヌって」は応答として可能です。② Non, elle est où ?「いいえ、彼女はどこにいるのですか」も可能です。③ Oui. Elle va bien ?「はい。彼女は元気ですか」は応答として不可能です。**B** の応答に **A** は La cousine de Paul.「ポールのいとこです」と答えているのですから、正解は ① C'est qui, Amandine ? になります。

得点率は77%でした。

(3)　**A** は、Qu'est-ce que tu as fait dimanche ?「日曜日は何をしたの」と尋ねています。これに応答する **B** の選択肢のうち、① J'ai joué au tennis avec des amis.「友達とテニスをした」は応答として可能です。② Je suis allé à l'hôpital.「病院に行った」も可能です。③ Je vais me promener avec des amis.「友人と散歩に出かけるんだ」は応答として不可能です。**B** の応答に **A** は、Ah, tu étais malade ?「おや、病気だったの？」ときき返してしていますから、正解は ② Je suis allé à l'hôpital. になります。

得点率は79%でした。

(**4**)　**A** は、Tu viens dîner chez moi ?「私の家に夕飯を食べに来ない？」と誘っています。これに応答する **B** の選択肢のうち、① Bien sûr. C'est gentil.「もちろん。（親切に）ありがとう」は応答として可能です。② Merci, mais je suis occupée ce soir.「ありがとう、でも今夜は忙しいんだ」も可能です。③ Oui, ce restaurant est très bon.「はい、このレストランはとてもおいしい」は応答として不可能です。**B** の応答に **A** は À sept heures, ça te va ?「7 時にね、どういい？」ときき返していますから、正解は ① Bien sûr. C'est gentil. になります。

得点率は 66％でした。

なお、C'est gentil. は「どうも親切にも」から「ありがとう」の意味でよく用いられます。

問題3全体の得点率は 79％でした。

解答　(1) ②　　(2) ①　　(3) ②　　(4) ①

4　**解説**　あたえられた日本語の意味になるように、適切な動詞の活用形を選択する問題です。

(**1**)「君の自転車、貸してくれる？」では、軽い命令のニュアンスで用いられる直説法単純未来の形が問題になっています。prêter「貸す」の単純未来の活用は、〈je prêterai、tu prêteras、il / elle / on prêtera、nous prêterons、vous prêterez、ils / elles prêteront〉となります。主語 tu に対応する活用は tu prêteras ですから、正解は ② prêteras になります。

得点率は 84％でした。

(**2**)「そのとき、私は新聞を読んでいた」では、過去のあるときの継続的な状態を表わす直説法半過去の形が問題になっています。選択肢の動詞はすべて 1 人称単数ですが、① lirai は単純未来形、② lis は現在形、③ lisais が半過去形です。したがって正解は ③ lisais です。動詞 lire は、日常的によく用いられますので、要注意の動詞です。なお、lire「読む」の半過去の活用は、〈je lisais、tu lisais、il / elle / on lisait、nous lisions、vous lisiez、ils / elles lisaient〉となります。

得点率は 65％でした。

(3)「トマ、メラニー、急いで」では、動詞の命令形の活用が問題になっています。「トマ、メラニー」と2人に呼びかけていますから、選ぶべきは、2人称複数 vous に対する命令形です。選択肢はいずれも代名動詞 se dépêcher の活用形です。① dépêche-toi は2人称単数 tu に対応する命令形、② dépêchez-vous は2人称複数 vous に対応する命令形、③ vous dépêchez は、2人称複数 vous を主語にする現在形、vous vous dépêchez の一部です。正解は② dépêchez-vous です。なお、1人称複数 nous に対応する命令形は、dépêchons-nous「急ぎましょう」になります。

得点率は78%でした。

(4)「私たちはよく祖母に手紙を書きます」では、動詞の直説法現在が問題になっています。選ぶべき活用は、主語 Nous に対応する écrire の現在形の活用です。① écris は主語 je または tu に対応する現在形の活用、② écrivez は2人称単数または複数の vous に対応する現在形の活用、③ écrivons は1人称複数 nous に対応する現在形の活用です。正解は③ écrivons です。なお、écrire「書く」の直説法現在の活用は、〈j'écris、tu écris、il / elle / on écrit、nous écrivons、vous écrivez、ils / elles écrivent〉となります。

得点率は96%でした。

(5)「私の妹はイギリスに3週間滞在した」では、動詞 rester の複合過去の活用が問題になっています。① est resté は3人称単数男性の主語に対応する複合過去形の活用、② est restée は3人称単数女性の主語に対応する複合過去形の活用、③ sont restées は3人称複数女性の主語に対応する複合過去形の活用です。「私の妹」Ma sœur は3人称単数女性ですから、正解は② est restée です。なお、aller「行く」や venir「来る」などと同じく、rester「(移動せずに) とどまる」も場所の移動の概念をもつ動詞とみなされますので、複合過去をつくる場合には助動詞に être を用います。

得点率は76%でした。

問題4全体の得点率は80%でした。

解答　(1) ②　(2) ③　(3) ②　(4) ③　(5) ②

5 **解説** 選択肢①～④の語を並べかえて文を完成させる問題です。

(1) Audrey...「オドレは～」のあとに続く語は、選択肢を見ると、動詞② mange「食べる」が想定されます。次に、① autant は副詞で③ que とともに比較の表現をつくります。autant que... で「～と同じくらい（たくさん）」の意味になります。そして、残る選択肢④ son を frère と組み合わせて son frère「彼の兄（弟）」とすれば、Audrey mange autant (que) son frère.「オドレは彼の兄（弟）と同じくらい（たくさん）食べる」という文が完成します。正解は③ que です。

得点率は 67％でした。

(2) Elles sont...「彼女たちは～」のあとに続く語は、女性複数形の形容詞② heureuses「喜んでいる」です。Elles sont heureuses...「彼女たちは～喜んでいる」という文章ができます。そこに① de を加えると、Elles sont heureuses de...「彼女たちは～を（で）喜んでいる」という文が見えてきます。de のあとに続く語句は名詞あるいは動詞の不定詞なので、④ voyager「旅行する」を加えると Elles sont heureuses de voyager en Italie.「彼女たちはイタリアに旅行することを喜んでいる」という文章ができあがります。さて、③ très「とても」をどこに入れるべきでしょうか。この副詞は、形容詞か副詞の前に置きますので、Elles sont très heureuses (de) voyager en Italie.「彼女たちはイタリアに旅行することをとても喜んでいる」という文が完成します。正解は① de です

得点率は 62％でした。

(3) Il... のあとに続く動詞として① faut が見つかります。この動詞（不定詞は falloir「～が必要である」）は、非人称の主語 il とともに非人称表現をつくります。Il faut...「～が必要である（しなければならない）」のあとにつづく語は、名詞あるいは動詞の不定詞です。選択肢を見ると、動詞の不定詞はありません。名詞の② minutes「分」と④ quinze「15」を組み合わせてつづけると、Il faut quinze minutes...「15 分必要である」となります。そして、残る前置詞③ pour「～ために」を aller à la gare「駅に行く」の前に置けば、Il faut quinze (minutes) pour aller à la gare.「駅に行く（ため）には 15 分か

かります」という文が完成します。正解は② minutes です
得点率は72%でした。

(4) Je vais acheter...「私は（これから）～を買います」は、〈aller ＋不定詞〉で近接未来（または「～しに行く」）の表現となっています。つづく語句は動詞 acheter「買う」の直接目的語となる名詞群で、その核となるのは、名詞 robe「ワンピース（ドレス）」です。robe は単数の女性名詞で、それにかかるすべての要素が女性単数に一致しています。まず名詞群の冒頭には冠詞類（冠詞、指示形容詞、所有形容詞など）が置かれますので、選択肢から女性単数形の指示形容詞② cette を選びます。残るは、女性単数形の形容詞① blanche（男性単数形は blanc）「白い」、③ jolie（男性単数形は joli）「きれいな」、および名詞の④ robe です。ここでは形容詞を置く場所が問題になります。一般に③ jolie などの日常よく使われる短めの形容詞は名詞の前に置かれ、① blanche のような色彩を表わす形容詞は名詞のあとに置かれます。こうして Je vais acheter cette jolie (robe) blanche.「私はこのきれいな白いワンピース（ドレス）を買います」が完成します。正解は④ robe です。
得点率は73%でした。
なお、名詞の前に置かれる形容詞としてほかに、grand(e)「大きい」、petit(e)「小さい」、bon(ne)「良い」、mauvais(e)「悪い」、jeune「若い」、vieux (vieille)「古い（年をとった）」、beau (belle)「美しい」などがあります。

(5) 主語である Tu...「きみ（あなた）は～」につづくのは、活用している動詞② dois（不定詞は devoir）「～しなければならない」です。Tu dois... の次にくるのは動詞の不定詞ですから、④ travailler「勉強する（働く）」しかありません。Tu dois travailler...「きみ（あなた）は勉強し（働か）なければならない」がまずできます。さて、bibliothèque「図書館」につく冠詞は女性単数の定冠詞③ la です。その前に場所を表わす前置詞① à をおくと à la bibliothèque「図書館で」という語句ができあがります。こうして、Tu dois travailler (à) la bibliothèque aujourd'hui.「きみ（あなた）はきょう、図書館で勉強し（働か）なければいけない」という文が完成します。正解は① à です。
得点率は74%でした。
なお、devoir の直説法現在の活用は〈je dois、tu dois、il / elle / on doit、

nous devons、vous devez、ils / elles doivent〉となります。

問題5全体の得点率は70％でした。

解答 (1) ③ (2) ① (3) ② (4) ④ (5) ①

6 解説 文意に則し、適切な前置詞を選択する問題です。

(1) Je fais les courses (pendant) le week-end.「私は週末に買い物をします」

le week-end「週末」は、一般に土曜日、日曜日の期間ですから、期間を示す前置詞② pendant「～の間に」が正解です。① avec は「～といっしょに、～を使って」、③ sous は「～の下に（で）」を示します。正解は② pendant です。

得点率は74％でした。

なお、faire les courses「買い物をする」は、faire des courses、faire ses courses ともいいます。

(2) Mon grand-père est né (en) 1924.「私の祖父は1924年に生まれました」

年号などを示す場合には、前置詞② en「～に」を用います。① de は「～の」、「～から」の意味で広く用いられます。③ par には、「～で」（手段）、「～当たり」（基準・単位）、「～を通って」（通過）、「～によって」（手段）などの用法があります。正解は② en です。

得点率は77％でした。

なお、前置詞 en は、en été「夏に」や en janvier「1月に」のように季節や月を示すとき、また en train「電車で」のように乗りものの手段を表わすときなどにも用いられます。

(3) On va jouer au tennis (après) le travail ?「仕事のあと、テニスをしませんか」

le travail「仕事」の前に置かれる前置詞は、ここでは時間の関係を示す① après「～のあとで」が正解になります。② devant は「～の前に」（場所や空間の位置）を、③ sur は「～の上に、～の方に、～ついて」（位置、方向、主題）を示します。正解は① après です。なお、après の反対語は avant で、時間的に「～の前に」を表わします。
　得点率は73％でした。

(4)　Patrice étudie le japonais (depuis) cinq ans.「パトリスは5年前から日本語を勉強しています」
　時間を表わす語の前について、「～前から」を示す前置詞① depuisが正解です。② parmiは「(3人・3つ以上のもの) の間で」の意味で用いられます。また③ sansは、「～なしに」という除外を表わします。正解は① depuisです。
　得点率は77％でした。
　なおdepuisは、場所の起点「～から」(たとえばdepuis Paris jusqu'à Lyon「パリからリヨンまで」)、を示すこともありますので、注意しておきましょう。

　問題6全体の得点率は75％でした。
解答　(1) ②　(2) ②　(3) ①　(4) ①

7

解説　フランス語の文(1)～(6)の内容に対応する場面を9つのイラストから選ぶ問題です。

(1)　Olivier boit du café.「オリヴィエはコーヒーを飲む」
　男性がすわってコーヒーを飲むイラスト⑤が正解になります。動詞boire「飲む」の直説法現在の活用は〈je bois、tu bois、il / elle / on boit、nous buvons、vous buvez、ils / elles boivent〉となります。du caféのduは男性名詞につく部分冠詞です。
　得点率は100％（実際は99.66％）でした。

(2)　Olivier parle avec des amies.「オリヴィエは女性の友人たちと話している」
　男性が女性2人と話しているイラスト⑥が正解になります。-er動詞parler「話す」の直説法現在の活用は〈je parle、tu parles、il / elle / on parle、nous parlons、vous parlez、ils / elles parlent〉です。
　得点率は84％でした。

(**3**) Olivier prend une douche.「オリヴィエはシャワーを浴びている」

男性がシャワーを浴びているイラスト②が正解になります。動詞 prendre「取る、買う、食べる、注文する、乗る、進む、撮る」の直説法現在の活用は〈je prends、tu prends、il / elle / on prend、nous prenons、vous prenez、ils / elles prennent〉です。prendre は多義的な動詞ですが、重要な基本語ですので、復習を繰り返しておきましょう。

得点率は64%でした。

なお、prendre un bain「お風呂に入る」もよく使われますので、合わせて覚えておいてください。

(**4**) Olivier se lave les mains.「オリヴィエは（両）手を洗っている」

男性が手を洗っているイラスト④が正解になります。〈代名動詞 se laver + 身体の部分〉で「（自分の〜）を洗う」という意味になります。se laver の直説法現在の活用は〈je me lave、tu te laves、il / elle / on se lave、nous nous lavons、vous vous lavez、ils / elles se lavent〉です。se laver les mains「（両）手を洗う」の場合、再帰代名詞 se が間接目的語に、les mains「（両）手」が直接目的語になります。同様の表現として、se laver la figure「（自分の）顔を洗う」などがあります。なお、あとに直接目的語となる身体の部分がこない se laver は、se が直接目的語になり「自分を洗う → （自分の）体を洗う」の意味になります。

得点率は78%でした。

(**5**) Olivier tombe dans l’escalier.「オリヴィエは階段で転ぶ」

男性が階段で転ぶイラスト③が正解になります。-er 動詞 tomber「転ぶ」の直説法現在の活用は〈je tombe、tu tombes、il / elle / on tombe、nous tombons、vous tombez、ils / elles tombent〉となります。

得点率は93%でした。

(**6**) Olivier traverse la rue.「オリヴィエは通りを横切っている」

男性が通りを横切っているイラスト⑨が正解になります。-er 動詞 traverser「横切る」の直説法現在の活用は〈je traverse、tu traverses、il / elle / on traverse、nous traversons、vous traversez、ils / elles traversent〉です。

得点率は85%でした。

なおtraverser un pontとなると、日本語では「橋を渡る」の意味になります。

問題7全体の得点率は84％でした

解答　(1) ⑤　(2) ⑥　(3) ②　(4) ④　(5) ③　(6) ⑨

8　**解説**　会話文を読み、設問(1)～(6)の日本語の文が会話の内容に一致するかどうかを判断します。

ピエールは、きのうの午前中に美術館を2つ、午後に旧市街を見学したが、きょうは城と庭園をいっしょに見学しないかとサンドリーヌを誘う。

(1)「ピエールはきのうの夜、よく眠れた」

Tu as bien dormi ?「よく眠れた？」というサンドリーヌの質問に、ピエールは、Oui, j'étais très fatigué hier soir.「うん、きのうの夜はものすごく疲れていたんだ」と返答していますから、設問文は会話の内容に一致しています。正解は①になります。

得点率は97％でした。

(2)「ピエールはきのうの夜、寝る前に食事をとった」

ピエールは、Je me suis couché sans manger.「食事もせずに寝た」と付け加えていますから、設問文は会話の内容に一致しません。正解は②になります。

得点率は76％でした。

(3)「ピエールはきのう午前中に、旧市街に行った」

サンドリーヌのTu as beaucoup marché ?「たくさん歩いたの？」という質問に、ピエールは、Oui. J'ai visité deux musées le matin et le vieux quartier l'après-midi.「ぼくは午前中に美術館を2つ、午後に旧市街を見学したよ」と返答していますから、設問文は会話の内容に一致していません。正解は②になります。

得点率は84％でした。

(4)「ピエールは、この町が大好きになった」

サンドリーヌのTu as aimé la ville ?「この町が好きになった？」という質問に、ピエールは、Oui, beaucoup.「うん、とても」と返答していますから、設問文は会話の内容に一致します。正解は①になります。

得点率は99%でした。

(5)「ピエールとサンドリーヌは、きょうは城と庭を見学するつもりだ」

Je vais voir le château et ses jardins. Tu m'acompagnes ?「これから城と庭を見学するつもりなんだ。いっしょに来ない？」というピエールの誘いに、サンドリーヌはAvec plaisir, je ne travaille pas aujourd'hui.「喜んで。きょうは仕事がないの」と返答していますから、設問文は会話の内容に一致します。正解は①になります。なお、ses jardinsのsesは、この場合le château「城」をうけています。つまりses jardinsで、城の敷地の中にある複数の庭園を指しています。

得点率は83%でした。

(6)「サンドリーヌは、1時間後にピエールのホテルに行く」

サンドリーヌは、J'arrive à ton hôtel dans une demi-heure, si tu veux ?「30分後にあなたのホテルに行くわ、それでいい？」と言い添えていますから、設問文は会話の内容に一致しません。正解は②になります。「1時間後」は、dans une heureです。

得点率は82%でした。

問題8全体の得点率は87%でした

解答　(1) ①　(2) ②　(3) ②　(4) ①　(5) ①　(6) ②

聞き取り試験

解説・解答

1

(読まれる文)

(1) La carte, s'il vous plaît.

(2) Nous sommes trois.

(3) Qui est là ?

(4) Vous n'allez pas bien ?

解説 フランス語の文を聞き取り、その内容にふさわしい場面を6つのイラストから選ぶ問題です。

(1) La carte, s'il vous plaît.「メニュー、お願います」

レストランで、テーブルにすわる女性が手を挙げて何かを頼むイラスト①が正解になります。manger à la carte は、「メニューからアラカルト（一品ずつ選んで）で食事をする」を意味します。payer avec une carte と言えば、「クレジットカードで支払う」を意味します。

得点率は88%でした。

(2) Nous sommes trois.「私たちは3人です」

レストランで、3人いる客の1人から何かを聞いているウエイターのイラスト④が正解になります。Vous êtes combien ?「何人ですか」という質問の答えになります。なお、同じ combien を用いた疑問文でも Nous sommes le combien ? となると、「何日ですか」の意味になり、それへの返答は、Nous sommes le 3 avril (aujourd'hui).「（きょうは）4月3日です」などとなります。

得点率は85%でした。

(3) Qui est là ?「(そこにいるのは) どなたですか」
だれかがドアをノックしたのに対して、テーブルにすわった女性が何か言っているイラスト②が正解になります。

得点率は 63%でした。

(4) Vous n'allez pas bien ?「具合がよくないんですか」

具合が悪そうな男性に、女性が声をかけているイラスト⑤が正解になります。同じ状況で、Ça ne va pas bien ?「具合がよくないんですか」とも言います。こちらの言い方も覚えておきましょう。

得点率は 85%でした。

問題1全体の得点率は 81%でした。

解答 (1) ①　(2) ④　(3) ②　(4) ⑤

2

(読まれる質問)

(1) Il travaille où ?

(2) Qu'est-ce que tu prends comme dessert ?

(3) Quand est-ce que vous partez en vacances ?

(4) Quelle musique aimes-tu ?

解説 フランス語の質問を聞き取り、適切な応答を 2 つの選択肢から選びます。

(1) Il travaille où ?「彼はどこで働いているの」

この質問に対する応答は、① À Tokyo.「東京で」が正解です。② Dans deux jours.「2 日後に」は質問に対応していません。② Dans deux jours. が正解になるには、Il travaille depuis quand ?「彼はいつから働いているの」などの質問が必要です。

得点率は 93%でした。

(2) Qu'est-ce que tu prends comme dessert ?「デザートに何をとりますか」
この質問に対する応答文は、① Du gâteau.「ケーキ」が正解です。② Du poisson.「魚」は質問に対応していません。なお、Du gâteau. や Du poisson. の du は部分冠詞です。② Du poisson. が正解になるには、Qu'est-ce que tu prends comme plat ?「(メインの) 料理に何をとりますか」などの質問が想定されます。
得点率は69%でした。

(3) Quand est-ce que vous partez en vacances ?「いつバカンスに出かけるのですか」
この質問に対する応答文は、② Fin juillet.「7月末」が正解です。① En Europe.「ヨーロッパへ」は質問に対応していません。① En Europe. が正解になるのは、Où est-ce que vous partez en vacances ?「どこにバカンスに出かけるのですか」などの質問です。
得点率は69%でした。

(4) Quelle musique aimes-tu ?「どんな音楽が好きなんですか」
この質問に対する応答文は、① La chanson française.「フランスの歌」が正解です。② La cuisine chinoise.「中国料理」は質問に対応していません。② La cuisine chinoise. が正解になるのは、たとえば Quelle cuisine aimes-tu ?「どんな料理が好きなんですか」という質問です。
得点率は88%でした。

問題2全体の得点率は80%でした。

解答　(1) ①　(2) ①　(3) ②　(4) ①

3

(読まれる文)

(1) Ce restaurant ferme à vingt et une heures.
(2) Elle a quarante-neuf ans.
(3) Il habite trente-huit, rue de Seine.

(4) Ouvrez le livre à la page quatre-vingt-seize.

解説 フランス語の文にふくまれる数を聞き取る問題です。

(1) Ce restaurant ferme à vingt et une heures.「このレストランは、21時に閉まります」

21が正解です。数名詞の21 vingt et un は [vɛ̃teœ̃ ヴァンテアン] と発音されますが、この場合は数形容詞として名詞 heures をともなっています。heures は母音で始まる女性名詞ですから、21はそれに一致して vingt et une [vɛ̃teyn ヴァンテユヌ] になります。そして、語末の [n ヌ] と heures [œ:r ウーる] の語頭の [œ] がひとつの音 [nœ ヌ] で発音されます。vingt et une heures は [vɛ̃teynœ̃:r ヴァンテユヌーる] と発音されています。

得点率は57%でした。

(2) Elle a quarante-neuf ans.「彼女は49歳です」

49が正解になります。49そのものの発音は quarante-neuf は [karɑ̃tnœf カらントヌフ] ですが、次に母音で始まる名詞 ans [ɑ̃ アン] がくると、ひとつづきに発音されます。neuf が ans とつながるときには、neuf の語末の [f] が [v] の音に変わり、[nœvɑ̃ ヌヴァン] となります。quarante-neuf ans は [karɑ̃tnœvɑ̃ カらントヌヴァン] と発音されています。

得点率は59%でした。

(3) Il habite trente-huit, rue de Seine.「彼は、セーヌ通り38番地に住んでいます」

38が正解になります。38 trente-huit は [trɑ̃tɥit トらントュイット] と発音されています。

得点率は79%でした。

(4) Ouvrez le livre à la page quatre-vingt-seize.「本の96ページを開けてください」

96が正解になります。96 quatre-vingt-seize は [katrəvɛ̃sɛːz カトるヴァンセーズ] と発音されています。なお、Ouvrez は ouvrir「開ける」の vous に対する命令形です。
得点率は64%でした。

問題[3]全体の得点率は71%でした。

解答　(1) 21　(2) 49　(3) 38　(4) 96

4

(読まれる会話)

Léa : Tu es libre samedi ?
Hugo : Oui, pourquoi ?
Léa : Ma sœur Chloé arrive demain à Paris.
Hugo : Ah, Chloé ! On a mangé ensemble il y a quelques années. Elle a quel âge maintenant ?
Léa : Elle va avoir 17 ans.
Hugo : Déjà ! Je suis très content de revoir ta sœur.
Léa : Tu passeras chez moi vers midi ?
Hugo : Bien sûr !

解説 会話文を聞き取り、日本語の文(1)～(5)がその内容に一致するかどうかを判断する問題です。

レアとユゴーが、レアの妹クロエについて話しています。

(1)「クロエはパリに到着している」
レアがMa sœur Chloé arrive demain à Paris.「妹のクロエがあしたパリに着くのよ」と言っていますので、設問文は会話の内容に一致しません。正解は②です。
得点率は70%でした。

(2)「ユゴーはクロエに会ったことがある」

ユゴーが Ah, Chloé ! On a mangé ensemble il y a quelques années.「ああ、クロエ！何年か前にいっしょに食事したね」と言っていますので、設問文は会話の内容に一致します。正解は①です。

得点率は83%でした。

(3) 「クロエはいま17歳である」

ユゴーが Elle a quel âge maintenant ?「彼女（クロエ）はいま何歳なんだい」ときいたのに対して、レアは Elle va avoir 17 ans.「もうすぐ17歳になるわ」と返答していますので、設問文は会話の内容に一致しません。正解は②です。

得点率は18%でした。

近接未来の va avoir が的確に聞き取れなかったようですが、ふだんから音読練習や対話練習をして耳慣れしておけばできる問題です。もし「17歳である」ならば、Elle a 17 ans. になりますし、「17歳になったばかりである」ならば、Elle vient d'avoir 17 ans. になります。

(4) 「ユゴーはクロエに会うのを楽しみにしている」

ユゴーが Je suis très content de revoir ta sœur.「君の妹とまた会えるなんてとてもうれしい」と言っていますので、設問文は会話の内容に一致します。正解は①です。

得点率は98%でした。

(5) 「ユゴーは土曜の朝早くレアの家へ行くことになった」

レアが冒頭でユゴーに Tu es libre samedi ?「土曜日ひま？」ときいたのに対して、ユゴーは Oui, pourquoi ?「うん、なぜ（きくの）」と返答しています。そこから土曜日が話題になっていることがわかります。そして最後にレアが、Tu passeras chez moi vers midi ?「昼頃、家に来てくれない？」と誘っているのに対して、ユゴーは Bien sûr !「もちろん」と答えています。ユゴーがレアの家に行くのは「土曜の昼頃」なのですから、設問文は会話の内容に一致しません。正解は②です。

得点率は84%でした。

問題4全体の得点率は70%でした。

解答　(1) ②　(2) ①　(3) ②　(4) ①　(5) ②

配 点 表

問題番号	筆記試験	1	2	3	4	5	6	7	8	小計	聞き取り	1	2	3	4	小計	合計
点		8	10	8	10	10	8	6	6	66		8	8	8	10	34	100

2019年度秋季
実用フランス語技能検定試験
試験問題冊子 〈4 級〉

問題冊子は試験開始の合図があるまで開いてはいけません。

筆 記 試 験　13 時 30 分 ～ 14 時 15 分
(休憩なし)
聞き取り試験　14 時 15 分から約 15 分間

◇問題冊子は表紙を含め 16 ページ、筆記試験が 8 問題、聞き取り試験が 4 問題です。

注　意　事　項

1　途中退出はいっさい認めません。

2　筆記用具は **HB または B の黒鉛筆** (シャープペンシルも可) を用いてください。ボールペンや万年筆等でマークした解答は機械による読み取りの対象とならないため、採点されません。

3　解答用紙の所定欄に、**受験番号**と**カナ氏名**が印刷されていますから、まちがいがないか、**確認**してください。

4　**解答は、解答用紙の解答欄にマークしてください**。たとえば、1 の (1) に対して ③ と解答する場合は、次の例のように解答欄の ③ にマークしてください。

例

1	解答番号	解　答　欄
	(1)	① ② ● ④ ⑤ ⑥

5　解答に関係のないことを書いた答案は無効にすることがあります。

6　解答用紙を折り曲げたり、破ったり、汚したりしないように注意してください。

7　問題内容に関する質問はいっさい受けつけません。

8　不正行為者はただちに退場、それ以降および来季以後の受験資格を失うことになります。

9　**携帯電話等の電子機器の電源はかならず切って、かばん等にしまってください**。通信機能のある時計は使用を禁じます。

10　**時計のアラームは使用しないでください**。

11　この試験問題の複製 (コピー) を禁じます。また、この試験問題の一部または全部を当協会の許可なく他に伝えたり、漏えいしたりすることを禁じます (インターネットや携帯サイト等に掲載することも含みます)。

筆記試験終了後、休憩なしに聞き取り試験にうつります。

1　次の (1) ～ (4) の (　　) 内に入れるのにもっとも適切なものを、下の ① ～ ⑥ のなかから 1 つずつ選び、解答欄のその番号にマークしてください。ただし、同じものを複数回用いることはできません。(配点　8)

(1) Elle a (　　) joli appartement près d'ici.

(2) Il n'y a plus (　　) lait.

(3) Moi, je préfère (　　) cuisine japonaise.

(4) Ses parents habitent (　　) États-Unis.

① aux　② de　③ des
④ du　⑤ la　⑥ un

(解説・解答 ▶ p.158)

2　次の対話 (1) ～ (5) の (　　) 内に入れるのにもっとも適切なものを、それぞれ ① ～ ③ のなかから 1 つずつ選び、解答欄のその番号にマークしてください。(配点　10)

(1)　— Je n'aime pas ce chanteur.
　　— (　　) non plus.

① Je　　② Me　　③ Moi

(2)　— Qu'est-ce que tu montres à Julien ?
　　— Je (　　) montre les photos de mon voyage.

① leur　　② lui　　③ te

(3)　— Tu connais cet élève ?
　　— Non, je ne (　　) connais pas.

① la　　② le　　③ les

(4)　— Tu prends quel avion ?
　　— Je prends (　　) de dix heures.

① celle　　② celui　　③ ceux

(5)　— Vous avez déjà visité la France ?
　　— Non, mais je voudrais (　　) aller.

① en　　② lui　　③ y

(解説・解答 ▶ p.159)

3　次の (1) ～ (4) の **A** と **B** の対話を完成させてください。**B** の下線部に入れるのにもっとも適切なものを、それぞれ ① ～ ③ のなかから 1 つずつ選び、解答欄のその番号にマークしてください。(配点　8)

(1) **A** : Marine, tu es prête ?
B : ______________________
A : Dépêche-toi, le train va bientôt partir.

① Je suis déjà partie.
② Oui, je t'attends depuis une heure.
③ Pas encore !

(2) **A** : Quel beau temps !
B : ______________________
A : Oui, allons à la campagne !

① Non, il est minuit.
② On sort ?
③ On va se promener en ville ?

(3) **A** : Qu'est-ce que vous allez faire cet après-midi ?
B : ______________________
A : Qu'est-ce que vous voulez acheter ?

① Nous allons faire des courses.
② Nous restons à la maison.
③ Nous sommes allés au concert.

(4) **A** : Romain est déjà rentré d'Italie ?
B : ______________________
A : On va dîner avec lui jeudi ?

① Non. Il arrivera mercredi soir.
② Non. Il est à New York toute la semaine.
③ Oui. Mais il est malade.

(解説・解答 ▶ p.162)

4

次の日本語の文 (1) ～ (5) の下には、それぞれ対応するフランス語の文が記されています。(　　) 内に入れるのにもっとも適切なものを、それぞれ ① ～ ③ のなかから1つずつ選び、解答欄のその番号にマークしてください。(配点　10)

(1) あしたの朝、ニコラは仙台にいます。

Demain matin, Nicolas (　　) à Sendai.

① sera　　② serai　　③ seras

(2) お父様によろしくお伝えください。

(　　) bonjour à votre père !

① Dis　　② Dit　　③ Dites

(3) この雛鳥《ひなどり》たちは、先週生まれました。

Ces petits oiseaux (　　) la semaine dernière.

① est né　　② sont nées　　③ sont nés

(4) 20年前、ぼくたちはこの川へよく泳ぎに行ったものだった。

Il y a 20 ans, nous (　　) souvent nager dans cette rivière.

① allaient　　② alliez　　③ allions

(5) 私の家族はみんな早起きです。

On (　　) tôt chez moi.

① me lève　　② nous levons　　③ se lève

(解説・解答 ▶ p.163)

5　例にならい、次の (1) ～ (5) において、それぞれ ① ～ ④ をすべて用いて文を完成したときに、(　　) 内に入るのはどれですか。① ～ ④ のなかから 1 つずつ選び、解答欄のその番号にマークしてください。(配点　10)

例：Il ______ ______ (______) ______ .

① a　② content　③ l'air　④ très

Il __a__ __l'air__ (__très__) __content__ .

①　③　④　②

となり、①③④② の順なので、(　　) 内に入るのは ④。

(1) C'est la montagne _____ _____ (_____) _____ pays.

① du　② haute　③ la　④ plus

(2) Ils ne _____ _____ (_____) _____ .

① nous　② pas　③ veulent　④ voir

(3) Qui conduit _____ _____ (_____) _____ ?

① belle　② cette　③ jaune　④ voiture

(4) Tu es _____ _____ (_____) _____ .

① avec　② gentil　③ nous　④ très

(5) Vous _____ _____ (_____) _____ hier soir ?

① couché　② êtes　③ tard　④ vous

(解説・解答 ▶ p.165)

6 次の (1) ～ (4) の (　　) 内に入れるのにもっとも適切なものを、それぞれ ① ～ ③ のなかから1つずつ選び、解答欄のその番号にマークしてください。(配点 8)

(1) Ce matin, il est sorti (　　) sa maison très tôt.

① avant　　② de　　③ sous

(2) Il y a un jardin (　　) la maison.

① derrière　　② en　　③ parmi

(3) On voit la mer (　　) la fenêtre.

① chez　　② entre　　③ par

(4) Qu’est-ce que tu fais (　　) ta santé ?

① après　　② dans　　③ pour

(解説・解答 ▶ p.168)

7　次の (1) ～ (6) にもっともふさわしい絵を、下の ① ～ ⑨ のなかから 1 つずつ選び、解答欄のその番号にマークしてください。ただし、同じものを複数回用いることはできません。(配点　6)

(1) Laura achète des livres.
(2) Laura joue du violon.
(3) Laura mange beaucoup.
(4) Laura marche dans la rue.
(5) Laura regarde la télé.
(6) Laura se réveille.

①

②

③

④

⑤

⑥

⑦

⑧

⑨

(解説・解答 ▶ p.169)

8　東京発の新幹線の車中における次の会話を読み、下の (1) ～ (6) について、会話の内容に一致する場合は解答欄の ① に、一致しない場合は ② にマークしてください。(配点　6)

Yoko : Bonjour madame. Vous lisez un journal en français. Vous êtes française ?

Lucie : Non, je viens du Canada.

Yoko : Vous êtes touriste ?

Lucie : Non, je travaille à Tokyo depuis deux ans.

Yoko : Ah, bon ! Moi, je suis étudiante à Tokyo. Je vais passer le week-end chez mes grands-parents à Kyoto.

Lucie : Je descends à Kyoto, moi aussi. J'ai visité cette ville l'an dernier. Cette fois, je vais voir Nara.

Yoko : Vous changez de train à Kyoto ?

Lucie : Oui, c'est ça.

Yoko : Vous avez de la chance ! La ville de Nara est très belle maintenant : les arbres prennent leurs couleurs d'automne.

(1) リュシーはフランス人である。

(2) リュシーは現在カナダで働いている。

(3) ヨーコは週末を京都で過ごす。

(4) リュシーは京都に行ったことがない。

(5) リュシーは京都で電車を乗り換える。

(6) ヨーコによれば、いま奈良は紅葉で美しい。

(解説・解答 ▶ p.171)

聞き取り試験問題

聞き取り試験時間は、
12時30分から約15分間

注意事項

1 聞き取り試験は、CD・テープでおこないますので、CD・テープの指示にしたがってください。

2 解答はすべて筆記試験と同じ解答用紙の解答欄に、**HBまたはBの黒鉛筆**(シャープペンシルも可)でマークしてください。ボールペンや万年筆等でマークした解答は機械による読み取りの対象とならないため、採点されません。

1

- フランス語の文 (1) ～ (4) を、それぞれ3回ずつ聞いてください。
- それぞれの文にもっともふさわしい絵を、下の ① ～ ⑥ のなかから1つずつ選び、解答欄のその番号にマークしてください。ただし、同じものを複数回用いることはできません。

(メモは自由にとってかまいません) (配点　8)

[音声を聞く順番]　㉔→㉕

(1)

(2)

(3)

(4)

①

②

③

④

⑤

⑥

(解説・解答 ▶ p.173)

2

- フランス語の質問 (1) ～ (4) を、それぞれ3回ずつ聞いてください。
- (1) ～ (4) の質問に対する応答として適切なものを、それぞれ ①、② から選び、解答欄のその番号にマークしてください。
（メモは自由にとってかまいません）（配点 8）

［ 音声を聞く順番 ］ ㉖ → ㉗

(1) ① Chez ma cousine.
　　② En bateau.

(2) ① Dans une demi-heure.
　　② Il y a dix minutes.

(3) ① Non, il y a du soleil.
　　② Oui, il est minuit.

(4) ① Non, j'ai du travail.
　　② Si, je suis très occupé.

（解説・解答 ▶ p.174）

3

- フランス語の文 (1) ～ (4) を、それぞれ3回ずつ聞いてください。
- どの文にもかならず数が含まれています。例にならって、その数を解答欄にマークしてください。

  (メモは自由にとってかまいません) (配点　8)

[音声を聞く順番]　㉘ → ㉙

(例)

- 「7」と解答したい場合には、

●	①	②	③	④	⑤	⑥	⑦	⑧	⑨
⓪	①	②	③	④	⑤	⑥	●	⑧	⑨

とマークしてください。

- 「15」と解答したい場合には、

⓪	●	②	③	④	⑤	⑥	⑦	⑧	⑨
⓪	①	②	③	④	●	⑥	⑦	⑧	⑨

とマークしてください。

(1)

(2)

(3)

(4)

(解説・解答 ▶ p.176)

4

- 母親と息子リュカの会話を 3 回聞いてください。
- 次の (1) ～ (5) について、会話の内容に一致する場合は解答欄の ① に、一致しない場合は ② にマークしてください。
  （メモは自由にとってかまいません）（配点　10）

［音声を聞く順番］　㉚ → ㉛ → ㉜

(1)　リュカの誕生日は、今度の日曜日である。

(2)　リュカは誕生日パーティーに友人を 4 人招待したい。

(3)　リュカの母親は、誕生日パーティーのために何かを作るつもりだ。

(4)　リュカが誕生日パーティーに招待する友人は、チョコレートケーキが大好きである。

(5)　今夜リュカは、父親にチョコレートケーキを作るよう頼む。

（解説・解答 ▶ p.177）

2019年度秋季4級

今季の出願者3,235名のうち受験者は2,925名。合格者は2,192名で、実受験者に対する合格率は75%でした。最近の合格率は、2019年春季81%、2018年秋季82%、2018年春季80%ですから、それに比べると今回は少し下がりました。また今季の平均得点率は、筆記試験が70%、聞き取り試験が73%、全体では71%でした。全体の平均得点率については、2019年度春季75%、2018年秋季73%、2018年春季74%ですから、こちらもやや低くなりました。今回、聞き取り試験はまずまずの結果だったのですが、筆記試験の出来が今ひとつ思わしくなく、それが全体の平均得点率を押し下げる要因となっています。

出題内容のあらまし

［筆記］

1 冠詞、前置詞＋冠詞（穴うめ・選択）
2 代名詞（穴うめ・選択）
3 対話文（仏文選択）
4 動詞活用（穴うめ・選択）
5 語順（語句の並べかえによる仏文完成・選択）
6 前置詞（穴うめ・選択）
7 短文（仏文に対応する絵の選択）
8 会話文（内容一致・和文選択）

［聞き取り］

1 短文（仏文に対応する絵の選択）
2 応答文（仏文選択）
3 数（マーク式による記入）
4 会話文（内容一致・和文選択）

筆記試験

解説・解答

1 **解説** 不定冠詞、定冠詞、部分冠詞の用法のほか、前置詞と定冠詞の縮約に関する知識が問われます。

(1) Elle a (un) joli appartement près d'ici.「彼女はこの近くにすてきなマンションを持っている」

名詞 appartement「マンション」を修飾する形容詞 joli「すてきな」の語尾に、女性を表わす e も、複数を表わす s もないことから、appartement が単数の男性名詞だと判断できます。さて、名詞 appartement には冠詞が必要です。このマンションがすでに対話者の間で話題になっており、特定化されているときは定冠詞をともないますが、初めて話題になるような場合には、不定冠詞「ある、ひとつの」がつきます。選択肢から、不定冠詞をさがすと単数の男性名詞につく un しかありません。正解は⑥ un になります。

得点率は76%でした。

(2) Il n'y a plus (de) lait.「もう牛乳がない」

問題文は il y a「〜がある」という非人称の構文ですが、ne ... plus「もう〜ない」を用いた否定の表現になっています。かりに「まだ牛乳があります」という肯定文であれば、「ある程度の量」を示す部分冠詞を名詞につけて Il y a encore du lait. となります。この文が否定文になると、部分冠詞の du が de に変わりますので注意してください。直接目的語についた不定冠詞や部分冠詞は、否定文では de になるという規則を思い出しましょう。なお、il y a の構文は、〈非人称主語 il ＋場所を表わす y ＋動詞 avoir ＋直接目的語〉「何か非人称のものがそこに〜を持つ→そこに〜がある」という形をとります。正解は② de です。

得点率は53%でした。

(3) Moi, je préfère (la) cuisine japonaise.「私は、日本料理のほうが好きだ」

ここで cuisine japonaise「日本料理」は、ひとつの種類の全体としてとらえられているので、定冠詞をともないます。この設問文の préférer「～のほうを好む」や aimer「～を好む」といった動詞の目的語は種類の全体を表わすことが多く、その場合には定冠詞がつきます。また cuisine のあとにくる形容詞 japonaise は、語尾の e からもわかるように女性の単数形ですから、cuisine が単数の女性名詞であると判断できます。したがって空欄に入るのは、単数の女性名詞につく定冠詞 la です。正解は⑤ la になります。

得点率は 81％でした。

(4) Ses parents habitent (aux) États-Unis.「彼の（彼女の）両親はアメリカに住んでいる」

本設問文では「住む」という意味の動詞 habiter が、「～に」という場所を示す前置詞 à とともに habiter à「～に住む」の形で用いられています。この à のあとに les États-Unis「アメリカ合衆国」がつづくと、前置詞 à と複数名詞につく定冠詞 les が縮約されて aux になります。正解は① aux です。

得点率は 72％でした。

なお、「～の国に」という場合、一般に男性名詞の国名であれば前置詞 à と定冠詞（le または les）の縮約形（au または aux）を用いますが、女性名詞の国名の場合は前置詞 en を用い、定冠詞は省略されます。次の2つのケースを区別しておきましょう。

habiter au Japon「日本に住む」(Japon は男性名詞)
hebiter en France「フランスに住む」(France は女性名詞)

問題1全体の得点率は 70％でした。

解答 (1) ⑥　(2) ②　(3) ⑤　(4) ①

2 **解説** 対話文で用いられる代名詞についての問題です。人称代名詞（直接目的・間接目的・強勢形）のほか、指示代名詞や en、y といった中性代名詞も出題されます。

(1) — Je n'aime pas ce chanteur.「私はこの歌手が好きではない」— (Moi) non plus.「私も（好きではない）」

人称代名詞の強勢形が問われています。応答文の Moi non plus. は、Je n'aime pas ce chanteur non plus.「私もこの歌手が好きではない」という文の主語 je を強勢形 moi を用いて強調した文 Moi non plus je n’aime pas ce chanteur. がもとになっています。つまり、そこから je n’aime pas ce chanteur を省略した形なのです。

選択肢の① Je「私は」は主語の人称代名詞なので、動詞を省略することはできません。② Me「私を、私に」は直接目的または間接目的の人称代名詞で、やはり動詞とともに用いられます。動詞と切り離して用いることができるのは強勢形のみです。したがって正解は、③ Moi「私」です。

この場合、もし最初の発話が J’aime ce chanteur.「私はこの歌手が好きだ」という肯定文であれば、その応答は、Moi aussi (j’aime ce chanteur).「私も」となり、やはり強勢形が使われます。Moi aussi.「私も（〜だ）」と Moi non plus.「私も（〜ない）」はペアにして覚えておきましょう。

なお、人称代名詞の強勢形は、主語や目的語の強調のほか、前置詞のあと、C’est の表現のあと、比較の対象をみちびく que のあとなどにも用いられますので、確認しておいてください。

得点率は 90%でした。

(2)　— Qu’est-ce que tu montres à Julien ?「ジュリアンに何を見せるの」— Je (lui) montre les photos de mon voyage.「旅行の写真だよ（←私は彼に私の旅行の写真を見せる）」

設問文中の動詞 montrer「見せる」は donner「あたえる」などと同じように、「〜を（直接目的語）〜に（間接目的語）」という文型で用いられます。

Montrez-moi les photos de votre voyage.「あなたの旅行の写真を私に見せてください」（『仏検公式基本語辞典』p.183）

この応答文では les photos「写真」が直接目的語ですから、必然的に空欄は間接目的語になります。à Julien「ジュリアンに」（3 人称単数の間接目的語）をうける人称代名詞が求められる解答となります。正解は② lui「彼に」になります。① leur「彼らに」（3 人称複数の間接目的語）、③ te「君に、君を」（2 人称単数の間接目的語あるいは直接目的語）も人称代名詞ですが、いずれも不適切です。

得点率は 74%でした。

(3)　— Tu connais cet élève ?「君はあの生徒を知っている？」— Non, je ne (le) connais pas.「いや、知らない（←いや、私は彼を知らない）」

応答文の空欄に入るのは élève「生徒」をうける人称代名詞で、動詞 connaître「知っている」の直接目的語になります。このとき、élève の前に置かれた指示形容詞 cet がヒントになります。指示形容詞は、子音で始まる単数の男性名詞なら ce に、単数の女性名詞なら cette に、男女にかかわらず複数の名詞ならば ces になります。cet になるのは、母音で始まる単数の男性名詞の前につくときです。そこから、élève が単数の男性名詞であることがわかります。したがって選択肢② le「彼を」が正解になります。① la は直接目的の人称代名詞ですが、単数の女性名詞をうけます。また③ les も直接目的の人称代名詞ですが、複数の名詞をうけます。

得点率は 65%でした。

(4)　— Tu prends quel avion ?「君はどの飛行機に乗るの」— Je prends (celui) de dix heures.「10 時（発）の飛行機だよ」

質問文中の avion「飛行機」の繰り返しを避けるために、応答文ではそれにかわる指示代名詞が用いられています。選択肢① celle は単数の女性名詞、② celui は単数の男性名詞、③ ceux は複数の男性名詞をうける指示代名詞です。avion はそれにつく疑問形容詞 quel の形からも単数の男性名詞であることがわかりますから、② celui が正解になります。なお、代名詞のあとになんらかの限定がくる場合（この応答文では、de dix heures「～10 時の」）にこのタイプの指示代名詞が使われます。

得点率は 70%でした。

(5)　— Vous avez déjà visité la France ?「あなたはフランスを訪れたことがありますか」— Non, mais je voudrais (y) aller.「いいえ、でも（フランスに）行きたいなと思っています」

応答文は、問いの文の la France「フランス」をうけて、そこに行きたいと答えているですから、空欄には「フランスに」en France という場所を示す前置詞句に置きかわる中性代名詞が入ります。選択肢③ y が正解になります。y は〈場所を示す前置詞＋名詞〉のほか、〈à ＋名詞（もの）〉をうけることもできます。

選択肢① en は、不特定な名詞を直接目的語としてうけたり、あるいは〈de ＋名詞（もの）〉のかわりに用いる中性代名詞、② lui は、3 人称単数の人称代名詞（間接目的語）「彼に、彼女に」、あるいは人称代名詞強勢形（3 人称単数で男性）「彼」ですが、いずれもここでは意味をなしません。

なお、voudrais は vouloir「～が欲しい、～したい」の条件法現在の活用形で、願望をていねいに表わします。条件法は基本的に 3 級以上の学習事項ですが、〈je voudrais ＋名詞〉「～が欲しいのですが」や〈je voudrais ＋不定詞〉「～したいのですが」は日常でもよく用いられます。4 級でも覚えておくべき重要な表現です。

得点率は 68％でした。

問題2全体の得点率は 73％でした。

解答　(1) ③　(2) ②　(3) ②　(4) ②　(5) ③

3　解説　3 つの選択肢から適切な文を選び、対話文を完成する問題です。

(1)　**A** が、Marine, tu es prête ?「マリーヌ、準備できた？」と尋ねています。それに対する **B** の応答として、① Je suis déjà partie.「私はすでに出発した」は不可能です。② Oui, je t'attends depuis une heure.「ええ、1 時間前からあなたを待ってる」は可能です。③ Pas encore !「まだ（できていない）」も可能です。**B** の応答に **A** は、Dépêche-toi, le train va bientôt partir.「急いで。列車がまもなく出るよ」といっているのですから、② は排除されます。正解は ③ Pas encore ! になります。

得点率は 45％でした。

(2)　**A** が、Quel beau temps !「なんていいお天気なんだろう」といっています。それに応答する **B** の選択肢のうち、① Non, il est minuit.「いいえ、真夜中です」は応答として不可能です。② On sort ?「出かけようか」は応答として可能です。③ On va se promener en ville ?「町へ散歩に出かけようか」も可能です。**B** の応答に **A** は Oui, allons à la campagne !「そうだね、田舎に行こう」と答えているのですから、③ は排除されます。正解は ② On sort ? になります。

得点率は 47％でした。

(3)　**A** は、Qu'est-ce que vous allez faire cet après-midi ?「きょうの午後、

何をするつもりですか」と尋ねています。これに応答する **B** の選択肢のうち、① Nous allons faire des courses.「買い物をしに行きます」は応答として可能です。② Nous restons à la maison.「家にいます」も可能です。③ Nous sommes allés au concert.「コンサートに行った」は応答として不可能です。**B** の応答に **A** は、Qu'est-ce que vous voulez acheter ?「何を買いたいの」と聞き返していますから、② は排除されます。正解は ① Nous allons faire des courses. になります。

得点率は73％でした。

(4) **A** は、Romain est déjà rentré d'Italie ?「ロマンはもうイタリアから帰ったの」と聞いています。これに応答する **B** の選択肢のうち、① Non. Il arrivera mercredi soir.「いや、まだだよ。水曜の夜に着くんだ」は応答として可能です。② Non. Il est à New York toute la semaine.「いや、まだだよ。週日はずっとニューヨークにいるんだ」も可能です。③ Oui. Mais il est malade.「うん。でも彼は病気だよ」も応答として可能です。**B** の応答に **A** は On va dîner avec lui jeudi ?「木曜日に彼と夕飯を食べようか」ときき返していますから、② と ③ は排除されます。正解は ① Non. Il arrivera mercredi soir. になります。

得点率は71％でした。

問題**3**全体の得点率は59％でした。

解答 (1) ③　(2) ②　(3) ①　(4) ①

4 **解説** あたえられた日本語の意味になるように、適切な動詞の活用形を選択する問題です。

(1) 「あしたの朝、ニコラは仙台にいます」では、直説法単純未来の形が問題になっています。être「いる」の単純未来の活用は、〈je serai、tu seras、il / elle / on sera、nous serons、vous serez、ils / elles seront〉となります。主語 Nicolas は3人称単数なので、それに対応する活用は il sera です。したがって正解は ① sera になります。単純未来形の語尾はすべての動詞に共通ですが、語幹については注意する必要があります。être の場合、語幹は se になり、それに共通の語尾〈-rai、-ras、-ra、-rons、-rez、-ront〉がつきます。

得点率は70%でした。

(2)「お父様によろしくお伝えください」では、主語がなく、動詞で始まっているところから、命令形が使われていると判断できます。また votre père「あなた（あなたたち）のお父様」という箇所から、相手に対して2人称単数の tu「君／あなた」ではなく vous で話しかけていることがわかります。したがって選ぶべきは、動詞 dire「言う、伝える」の2人称複数 vous に対応する命令形です。① Dis は2人称単数 tu に対応する命令形または直説法現在の活用形、② Dit は3人称単数 il / elle / on に対応する直説法現在の活用形、③ Dites は、2人称複数 vous に対応する命令形または直説法現在の活用形です。正解は③ Dites です。

なお、1人称複数 nous「私たち」に対応する命令形であれば、Disons「伝えましょう」となります。

得点率は40%でした。

(3)「この雛鳥《ひなどり》たちは、先週生まれました」では、動詞 naître の複合過去の活用が問題になっています。① est né は男性で3人称単数の主語に対応する複合過去の活用、② sont nées は女性で3人称複数の主語に対応する複合過去の活用、③ sont nés は男性で3人称複数の主語に対応する複合過去の活用です。「この雛鳥たち」Ces petits oiseaux は、形容詞 petits の形からもわかるように、男性で3人称複数ですから、正解は③ sont nés です。

なお、aller「行く」や venir「来る」などと同じく、naître「生まれる」や mourir「死ぬ」も、場所の移動（あの世とこの世の移動）の概念を持つ動詞とみなされますので、複合過去を作る場合には助動詞に être を用います。その際、過去分詞は主語に性数一致します。

得点率は62%でした。

(4)「20年前、ぼくたちはこの川へよく泳ぎに行ったものだった」では、過去において反復された行為を表わす直説法半過去の形が問題になっています。選択肢の動詞はすべて半過去形ですが、① allaient は3人称複数主語の ils / elles、② alliez は2人称複数主語の vous、③ allions は1人称複数主語の nous に、それぞれ対応する形です。したがって正解は③ allions です。

なお、半過去の語尾〈-ais、-ais、-ait、-ions、-iez、-aient〉はすべての動

詞に共通です。動詞 aller「行く」の半過去の活用は、語幹 all のあとにこの語尾をつけて、〈j'allais、tu allais、il / elle / on allait、nous allions、vous alliez、ils / elles allaient〉となります。

得点率は89%でした。

(5)「私の家族はみんな早起きです（←私の家ではみんな早起きです）」では、代名動詞の直説法現在が問題になっています。選ぶべき活用は、主語 On に対応する代名動詞 se lever の現在形の活用です。代名動詞は、主語と同じものを指す再帰代名詞をともないます。この再帰代名詞は、3人称および不定詞では se ですが、1人称および2人称では、目的語の人称代名詞と同じ形になります。① me lève は1人称単数の主語 je に対応する現在形の活用、② nous levons は1人称複数の主語 nous に対応する現在形の活用、③ se lève は3人称単数の主語 il / elle / on に対応する現在形の活用です。したがって、正解は③ se lève です。「私の家族はみんな」という日本語にまどわされないでください。on は、意味的には複数でも文法的にはつねに3人称単数扱いです。

なお、se lever「起きる」の直説法現在の活用は、〈je me lève、tu te lèves、il / elle / on se lève、nous nous levons、vous vous levez、ils / elles se lèvent〉です。単数の人称すべてと3人称複数の語幹で è が現れます。注意しましょう。

得点率は60%でした。

問題4全体の得点率は64%でした。

解答 (1) ① (2) ③ (3) ③ (4) ③ (5) ③

5 **解説** 選択肢①～④の語を並べかえて文を完成させる問題です。

(1) C'est la montagne「これは山です」は、〈主語＋動詞＋補語〉からなる1つの文です。選択肢のなかで意味的に montagne「山」につづくのは② haute「高い」という形容詞です。しかし、そのままつづけて C'est la montagne haute としても、残りの選択肢の語が浮いてしまいます。ここでは、③ la と④ plus が形容詞の最上級を構成する要素であることに気づかなければなりません。la montagne la plus haute で「もっとも高い山」となります。残りの選択肢 ① du は前置詞 de と男性単数の定冠詞 le の縮約形です。この du が最後の pays「国」と結びついて du pays「この国のなかで」となり、最上級がおよぶ範囲を表わしています。こうして C'est la montagne la plus (haute) du pays.「これはこの国でもっとも高い山です」という文が完成します。正解は ② haute です。

得点率は58%でした。

(2) 冒頭の Ils ne から、この文が否定文であることがわかります。さて選択肢を見ると、動詞は ③ veulent と ④ voir の 2 つがあります。veulent は vouloir の 3 人称複数の活用形（時制は現在）で、主語の Ils「彼らは」に対応しています。voir「～を見る、～に会う」は不定詞の形であり、活用していません。否定文は活用している動詞を ne と pas ではさんで作られますので、Ils ne veulent のあとに ② pas がきて、Ils ne veulent pas となります（Ils ne veulent *voir pas* とはなりません）。さて、動詞 vouloir「～を望む、～が欲しい」は、名詞だけではなく動詞の不定詞を直接目的語にとることができます。その場合は「～したい（←～することを望む）」という意味になります。Ils ne veulent pas のあとに voir をつなげると、「彼らは～を見たく（～に会いたく）ない」となります。ポイントは ① nous をどこに置くかです。この nous は動詞 voir の直接目的語ですが、名詞ではなく代名詞なので、voir の直前に置かれます。こうして、Ils ne veulent pas (nous) voir.「彼らは私たちに会いたくない」という文が完成します。正解は ① nous です。

なお、この nous は vouloir の直接目的語ではないので、Ils ne *nous* veulent pas... とはけっしてなりません。くれぐれも注意してください。

得点率は42%でした。

(3) Qui conduit ...?「～を運転しているのはだれですか」のなかで使われている動詞は、conduire「運転する」（conduit は 3 人称単数の活用形で時制は現在）です。さて、Qui conduit の次にくるのは conduire の直接目的語「～を」を構成する語群です。選択肢のなかでその核となるのは ④ voiture「自動車」で、残りの選択肢はすべてこの単数の女性名詞 voiture にかかります。① belle「美しい」は女性単数形の形容詞（男性単数形は beau）、② cette「この、その、あの」は単数の女性名詞につく指示形容詞、そして ③ jaune「黄色の」は単数形の形容詞（男女同形）です。こうした場合、まず指示形容詞が（冠詞や所有形容詞と同じく）最初にきます。ポイントは、2つの形容詞 belle と jaune をどこに置くかです。belle (< beau) のように日常よく使われる短めの形容詞は名詞の前に置かれますが、色彩を表わす jaune のような形容詞は必ず名詞のあとに置かれますので、cette belle voiture jaune となります。こうして、Qui conduit cette belle (voiture) jaune ?「あの美しい黄色の自動車を運転しているのはだれですか」という文が完成します。正解は④ voiture です。

得点率は61％でした。

色彩を表わす形容詞のほかに、japonais(e)「日本の」や français(e)「フランスの」といった国籍を示す形容詞も名詞のあとに置かれますので、合わせて確認しておきましょう。

(4) Tu es ...「君は〜だ」では、動詞 être が使われています。このあとにくることができるのは、être を介して主語 Tu の補語となる形容詞② gentil「親切な」です。また副詞④ très「とても」は形容詞か副詞の前にしか置かれませんから、très gentil となります。そして残る要素の前置詞① avec と③ nous がいっしょになって avec nous「私たちに」ができます。このとき、前置詞のあとに置かれた nous は強勢形の代名詞です。こうして Tu es très gentil (avec) nous.「君は私たちにとても親切だ」が完成します。正解は① avec です。この場合の avec は「〜に対して」という関係性を示す用法です。

得点率は85％でした。

(5) 主語の Vous につづく動詞は何でしょう。選択肢② êtes と① couché をつなげて Vous êtes couché... などとしてしまいそうですが、それだと④ vous が残ってしまいます。ここで④ vous が、主語と同じものを指す再帰代名詞であることに気づいてください。さて、再帰代名詞をともなうのは代名動詞です。再帰代名詞は3人称および不定詞では se の形ですが、1人称、2人称では、目的語の人称代名詞と同じ形をとります。この設問文では、se coucher「寝る、横になる」という代名動詞が2人称の vous を主語にし、複合過去の時制で用いられているのです。また、代名動詞の複合過去では助動詞に être が使われます。したがって、Vous vous êtes couché で「あなたは寝た（←あなたはあなたを寝かせた）」となります。そのあとに副詞の③

tard「遅く」を加えると、Vous vous êtes (couché) tard hier soir ?「あなたは昨夜遅く寝たのですか」という文が完成します。正解は① couché です。
得点率は68%でした。

問題5全体の得点率は62%でした。

解答　(1) ②　(2) ①　(3) ④　(4) ①　(5) ①

6　解説　文意に則し、適切な前置詞を選択する問題です。

(1) Ce matin, il est sorti (de) sa maison très tôt.「けさ、彼はとても早くに家を出た」

est sorti は、〈助動詞 être＋過去分詞〉の形で、動詞 sortir の複合過去形です。sortir だけでも「外出する」の意味でよく用いられますが、sortir de「～から出る」という表現もしばしば用いられます。起点を示す前置詞② de「～から」が正解です。① avant は「(時間的に) ～の前に、(場所的に) ～の手前を」、③ sous は「～の下に（で）」を意味します。正解は② de です。
得点率は65%でした。

(2) Il y a un jardin (derrière) la maison.「家の裏（うしろ）に庭がある」

Il y a un jardin「庭がある」と la maison「家」から、空欄には場所を表わす前置詞が入ることがわかります。① derrière は「～の裏（うしろ）に」という場所を示します。② en は、en France「フランスに（で）」のほか、en 2020「2020年に」などの時間を表わすこともできます。③ parmi は「複数のものや人の間に」を意味します。文脈からも正解はみちびき出せますが、en のあとにくる名詞には冠詞がつきませんし、parmi のあとには複数の名詞がきますので、こうした点からもこの2つは排除されます。正解は① derrière です。対義語の devant「～の前に」と合わせて覚えておきましょう。
得点率は60%でした。

(3) On voit la mer (par) la fenêtre.「窓越しに海が見える」

voit の不定詞は voir で、受動的に目に入るという意味合いを持ちます（自らの意志を持ってじっと見つめる場合は regarder を用います）。主語の on

は文法的には3人称単数扱いですが、この場合はnous「私たち」の意味で使われています。さて、空欄には「～を通して」を示す前置詞③ parが入ります。parには、par avion「航空便で」といった手段や方法を表わす用法や「～によって」という動作主を示す用法だけでなく、このような用法があることも覚えておきましょう。① chezは「～（人）の家で」、② entreは「～（2つのものや2人）の間で」を表わします。

得点率は54%でした。

(4) Qu'est-ce que tu fais (pour) ta santé ?「健康のために何をしているの」

Qu'est-ce que tu fais「君は何をしているの」とta santé「君の健康」の間に適切な前置詞をおぎなって、意味の通った文を完成させます。① aprèsは「～のあとで」の意味で時間的にも空間的にも使います。② dansは「～のなかに」の意味で場所を表わします。③ pourは、「～のために」という目的を表わします。正解は③ pourです。

得点率は60%でした。

問題6全体の得点率は60%でした。

解答 (1) ② (2) ① (3) ③ (4) ③

7 **解説** フランス語の文(1)～(6)の内容に対応する場面を9つのイラストから選ぶ問題です。

(1) Laura achète des livres.「ローラは本を買う」

女性がレジで本を買っているイラスト⑦が正解になります。動詞acheter「買う」の直説法現在の活用は〈j'achète、tu achètes、il / elle / on achète、nous achetons、vous achetez、ils / elles achètent〉となります。単数のすべての人称と複数の3人称で、活用形の語幹内のeがèになりますので注意してください。

得点率は92%でした。

(2) Laura joue du violon.「ローラはバイオリンをひく」

女性がバイオリンをひいているイラスト③が正解になります。-er動詞jouer「遊ぶ、演奏する」の直説法現在の活用は〈je joue、tu joues、il / elle

/ on joue、nous jouons、vous jouez、ils / elles jouent〉です。なお、violon についている du は部分冠詞です。このように楽器を演奏するときには部分冠詞を用います。またスポーツをする場合には、jouer au football「サッカーをする」のように、〈前置詞 à＋定冠詞〉が名詞の前に置かれます。比較して整理しておきましょう。

得点率は 99％でした。

(3) Laura mange beaucoup.「ローラはたくさん食べる」

女性が食卓で食事をしているイラスト ⑧ が正解になります。動詞 manger「食べる」の直説法現在の活用は〈je mange、tu manges、il / elle / on mange、nous mang**e**ons、vous mangez、ils / elles mangent〉です。nous mang**e**ons では、語幹の mang と語尾の -ons の間に e が入りますので、留意しておきましょう。もし *mangons* のままだと [mɑ̃gɔ̃ マンゴン] という発音になってしまいます。他の活用形の語幹と同じ音 [mɑ̃ʒ] にするために e を入れて mang**e**ons[mɑ̃ʒɔ̃ マンジョン] としているのです。

得点率は 96％でした。

(4) Laura marche dans la rue.「ローラは通りを歩いている」

女性が通りを歩いているイラスト ⑥ が正解になります。-er 動詞 marcher の直説法現在の活用は〈je marche、tu marches、il / elle / on marche、nous marchons、vous marchez、ils / elles marchent〉です。なお、「通りを歩く」をフランス語で表現する際に、前置詞は sur ではなく dans を用います。合わせて覚えておきましょう。

得点率は 83％でした。

(5) Laura regarde la télé.「ローラはテレビを見ている」

女性がテレビを見ているイラスト ② が正解になります。-er 動詞 regarder「見る、見つめる」の直説法現在の活用は〈je regarde、tu regardes、il / elle / on regarde、nous regardons、vous regardez、ils / elles regardent〉となります。

得点率は 97％でした。

(6) Laura se réveille.「ローラは目が覚める」

ベッドのなかで目覚める女性のイラスト ④ が正解になります。代名動詞の se réveiller「目覚める」が用いられています。その直説法現在の活用は〈je me réveille、tu te réveilles、il / elle / on se réveille、nous nous réveillons、vous vous réveillez、ils / elles se réveillent〉です。代名動詞は再帰代名詞をともないますので、忘れないようにしましょう。再帰代名詞は3人称と不定詞では se の形ですが、それ以外の人称では、目的語の人称代名詞と同じ形になります。

得点率は66%でした。

問題7全体の得点率は89%でした

解答　(1) ⑦　(2) ③　(3) ⑧　(4) ⑥　(5) ②　(6) ④

8

解説 会話文を読み、設問(1)～(6)の日本語の文が会話の内容に一致するかどうかを判断します。

東京発の新幹線の車中で、フランス語の新聞を読んでいるリュシーにヨーコが話しかけます。

(1)「リュシーはフランス人である」

Vous êtes française ?「あなたはフランス人ですか」というヨーコの質問に、リュシーは、Non, je viens du Canada.「いいえ、私はカナダの出身です」と返答していますから、設問文は会話の内容に一致していません。正解は②になります。

得点率は99%でした。

(2)「リュシーは現在カナダで働いている」

Vous êtes touriste ?「あなたは旅行者ですか」と尋ねるヨーコに、リュシーは、Non, je travaille à Tokyo depuis deux ans.「いいえ、2年前から東京で働いています」と答えていますから、設問文は会話の内容に一致しません。正解は②になります。

得点率は97%でした。

(3)「ヨーコは週末を京都で過ごす」

リュシーの言葉をうけてヨーコは、Moi, je suis étudiante à Tokyo. Je

vais passer le week-end chez mes grands-parents à Kyoto.「私は東京で大学に通っています（←私は東京の学生です）。この週末を京都の祖父母のところで過ごすんです」といっていますから、設問文は会話の内容に一致しています。正解は①になります。

得点率は99%でした。

(4)「リュシーは京都に行ったことがない」

ヨーコの言葉に対してリュシーは、Je descends à Kyoto, moi aussi. J'ai visité cette ville l'an dernier. Cette fois, je vais voir Nara.「私も京都で降りるんです。この町（京都）は去年訪れたから、今回は奈良を見物するつもりなの」といっていますから、設問文は会話の内容に一致しません。正解は②になります。

得点率は94%でした。

(5)「リュシーは京都で電車を乗り換える」

Vous changez de train à Kyoto ?「京都で電車を乗り換えるんですか」と聞くヨーコに、リュシーはOui, c'est ça.「ええ、その通り」と返答していますから、設問文は会話の内容に一致しています。正解は①になります。

得点率は98%でした。

(6)「ヨーコによれば、いま奈良は紅葉で美しい」

ヨーコはリュシーに、Vous avez de la chance ! La ville de Nara est très belle maintenant : les arbres prennent leurs couleurs d'automne.「ついてますね。奈良の町はいまとても美しいですよ。木々が秋の色に染まって」といっていますから、設問文は会話の内容に一致しています。正解は①になります。

得点率は98%でした。

問題**8**全体の得点率は98%でした

解答　(1) ②　(2) ②　(3) ①　(4) ②　(5) ①　(6) ①

聞き取り試験

解説・解答

1

（読まれる文）

(1) À votre santé !

(2) C'est à qui ?

(3) Et avec ça ?

(4) Je peux essayer ce pantalon ?

解説 フランス語の文を聞き取り、その内容にふさわしい場面を6つのイラストから選ぶ問題です。

(1) À votre santé !「乾杯！（←あなた（たち）の健康のために）」

テーブルにすわった女性がグラスを手にしているイラスト②が正解になります。日常よく使われるので、覚えておきたい表現です。略して Santé ! ともいいます。

得点率は55%でした。

(2) C'est à qui ?「これはだれのものですか」

女性が傘を指さして、何かを尋ねているイラスト③が正解になります。前置詞 à はこの場合、所属を表わします。「私のものです」であれば C'est à moi. といいます。

得点率は69%でした。

(3) Et avec ça ?「ほかには？」

売り手の女性が買い手に向かってかごを差し出し、何か尋ねているイラスト⑤が正解になります。この場合 ça は、かごに入ったものを指しています。つまり Et avec ça「それといっしょに」買うものはほかにありませんか、という意味なのです。

得点率は 62%でした。

(4) Je peux essayer ce pantalon ?「このパンタロンを試着してもいいですか」

パンタロンを手にした女性にもう 1 人の女性が声をかけているイラスト①が正解になります。pouvoir を用いた、相手に対して許可を求める表現です。

得点率は 77%でした。

問題1全体の得点率は 66%でした。

解答　(1) ②　(2) ③　(3) ⑤　(4) ①

2

(読まれる質問)

(1)　Comment allez-vous à Okinawa ?

(2)　Le bus arrive à quelle heure ?

(3)　Il pleut ?

(4)　Tu es libre ce soir ?

解説　フランス語の質問を聞き取り、適切な応答を 2 つの選択肢から選びます。

(1) Comment allez-vous à Okinawa ?「どのようにして（どのような手段で）沖縄に行くのですか」

この質問に対する応答は、② En bateau.「船で」が正解です。① Chez ma cousine.「私のいとこ（従姉妹）のところに」は質問に対応していません。① Chez ma cousine. が正解になるには、たとえば Où allez-vous ?「どこに行くのですか」などの質問が必要です。

得点率は85%でした。

(2) Le bus arrive à quelle heure ?「バスは何時に着きますか」

この質問に対する応答文は、① Dans une demi-heure.「30分後に」が正解です。② Il y a dix minutes.「10分前です」は質問に対応していません。② Il y a dix minutes. が正解になる質問として、Le bus est arrivé à quelle heure ?「バスは何時に着きましたか」などが想定されます。

得点率は68%でした。

(3) Il pleut ?「雨降ってる？」

この質問に対する応答文は、① Non, il y a du soleil.「いや、晴れてるよ(日が照っている)」が正解です。② Oui, il est minuit.「はい、真夜中です」は質問に対応していません。この場合のsoleilは太陽という天体ではなく、陽光、日差しを意味しています。またsoleilにつくduは、不特定の量を表わす部分冠詞です。

得点率は73%でした。

(4) Tu es libre ce soir ?「今晩空いてる？」

この質問に対する応答文は、① Non, j'ai du travail.「いや、仕事があるんだ」が正解です。そもそもこの疑問文は肯定疑問文なので、OuiかNonでしか答えられません。したがって② Si, je suis très occupé. という応答はありえないのです。② Si, je suis très occupé.「いや、とても忙しい」が正解になるためは、たとえばTu n'es pas occupé ?「君は忙しくないの」のような否定疑問文でなければなりません。

得点率は76%でした。

問題2全体の得点率は76%でした。

解答 (1) ② (2) ① (3) ① (4) ①

3

(読まれる文)

(1) Page cinquante-six, s'il vous plaît.
(2) Ça fait quatre-vingt-onze euros.
(3) Il y a quarante-deux étudiants dans cette classe.
(4) Mon oncle a soixante-quatre ans.

解説 フランス語の文にふくまれる数を聞き取る問題です。

(1) Page cinquante-six, s'il vous plaît.「56ページを開けてください」

56が正解になります。56 cinquante-six は [sɛ̃kɑ̃ːtsis サンカーントスィス] と発音されています。

得点率は77%でした。

(2) Ça fait quatre-vingt-onze euros.「ぜんぶで91ユーロです」

91が正解になります。91 quatre-vingt-onze そのものの発音は [katrəvɛ̃ɔ̃ːz カトるヴァンオーンズ] ですが、次に母音で始まる名詞 euros [øro ウろ] がくると、ひとつづきに発音されます。quatre-vingt-onze euros は [katrəvɛ̃ɔ̃ːzøro カトるヴァンオーンズろ] と発音されています。

得点率は57%でした。

(3) Il y a quarante-deux étudiants dans cette classe.「このクラスには、42名の生徒がいます」

42が正解になります。42 quarante-deux そのものの発音は [karɑ̃ːtdø カらーントドゥー] ですが、次に母音で始まる名詞 étudiants [etydjɑ̃ エチュディヤン] がくると、ひとつづきに発音されます。このとき、quarante-deux の語尾の発音されない x が、次にくる étudiants の語頭の é [e] とつながり [ze ゼ] と発音されます。リエゾンです。quarante-deux étudiants は [karɑ̃ːtdøzetydjɑ̃ カらーントドゥーゼチュディヤン] と発音されています。

得点率は 70%でした。

(4)　Mon oncle a soixante-quatre ans.「私の伯父は 64 歳です」

64 が正解になります。64 soixante-quatre そのものの発音は [swasɑ̃ːtkatrə ソワサーントカトる] ですが、次に母音で始まる名詞 ans [ɑ̃ アン] がくると、ひとつづきに発音されます。soixante-quatre ans は [swasɑ̃ːtkatrɑ̃ ソワサーントカトらン] と発音されています。

得点率は 70%でした。

問題3全体の得点率は 69%でした。

解答　(1) 56　　(2) 91　　(3) 42　　(4) 64

4

(読まれる会話)

La mère : Samedi, c'est ton anniversaire.

Luca : Oui. Je peux inviter des amis ?

La mère : Bien sûr. Ils seront combien ?

Luca : Trois. Céline, Marion et Thomas. Ça va ?

La mère : Pas de problème. Je prépare quelque chose pour le repas.

Luca : Ils adorent le gâteau au chocolat.

La mère : Le gâteau de papa est très bon. Tu lui demanderas ce soir ?

Luca : D'accord.

解説　会話文を聞き取り、日本語の文 (1) ～ (5) がその内容に一致するかどうかを判断する問題です。

リュカと母親がリュカの誕生日について話しています。

(1)「リュカの誕生日は、今度の日曜日である」

Samedi, c'est ton anniversaire.「土曜はあなたの誕生日だよね」と聞く母親にリュカは、Oui. Je peux inviter des amis ?「うん。友達を呼んでもいい？」と返答しているのですから、設問文は会話の内容に一致しません。正解は②です。

得点率は69%でした。

(2)「リュカは誕生日パーティーに友人を4人招待したい」

Bien sûr. Ils seront combien ?「もちろん、いいわよ。何人になるのかしら」という母親に対してリュカは、Trois. Céline, Marion et Thomas. Ça va ?「3人だよ。セリーヌとマリオンとトマ。いいかな」と答えています。したがって設問文は会話の内容に一致しません。正解は②です。

得点率は98%でした。

(3)「リュカの母親は、誕生日パーティーのために何かを作るつもりだ」

母親は、Pas de problème. Je prépare quelque chose pour le repas.「問題ないわ。食事に何か用意するわね」と返答しているので、設問文は会話の内容に一致します。正解は①です。

得点率は81%でした。

(4)「リュカが誕生日パーティーに招待する友人は、チョコレートケーキが大好きである」

Ils adorent le gâteau au chocolat.「友だちは（みんな）チョコレートケーキが大好きなんだ」というリュカの言葉から、設問文が会話の内容に一致することがわかります。正解は①です。

得点率は78%でした。

(5)「今夜リュカは、父親にチョコレートケーキを作るよう頼む」

Le gâteau de papa est très bon. Tu lui demanderas ce soir ?「パパが作るケーキはとてもおいしいわよ。今晩パパに頼んでみたら」という母親にリュカは、D'accord.「わかった、そうする」と答えているのですから、設問文は会話の内容に一致します。正解は①です。demanderas は動詞 demander の単純未来形で、軽い命令のニュアンスをともなっています。

得点率は70％でした。

問題4全体の得点率は79％でした。

解答 (1) ② (2) ② (3) ① (4) ① (5) ①

配 点 表

問題番号	筆記試験	1	2	3	4	5	6	7	8	小計	聞き取り	1	2	3	4	小計	合計
点		8	10	8	10	10	8	6	6	66		8	8	8	10	34	100

5級

5級の内容と程度

●程 度

初歩的な日常的フランス語を理解し、読み、聞き、書くことができる。

標準学習時間：50時間（大学で週1回の授業なら1年間、週2回の授業なら半年間の学習に相当）。

●試験内容

読 む	初歩的な単文の構成と文意の理解、短い初歩的な対話の理解。
聞 く	初歩的な文の聞き分け、あいさつ等日常的な応答表現の理解、数の聞き取り。
文法知識	初歩的な日常表現の単文を構成するのに必要な文法的知識。動詞としては、直説法現在、近接未来、近接過去、命令法の範囲内。

語彙：約550語

●試験形式

1次試験のみ（100点）

筆 記	問題数7題、配点60点。試験時間30分。マークシート方式。
聞き取り	問題数4題、配点40点。試験時間15分。マークシート方式。

5級の傾向と対策

5級では、合格の基準を「初歩的な日常的フランス語を理解し、読み、聞き、書くことができる」と定めています。試験は筆記試験と聞き取り試験からなり、解答の方法は各問とも選択肢から番号で解答を選ぶマークシート方式です（聞き取り試験 2 番では、聞き取った数に対応するマークシートの番号を解答）。

筆記試験・聞き取り試験の構成は次のとおりです。

筆記試験：7問／配点60点／試験時間30分
聞き取り試験：4問／配点40点／試験時間約15分

5級の受験の目安となる標準学習時間は50時間程度です。これを大学の授業にあてはめると、週1回の授業では1年間、週2回の授業では半年程度の学習に相当します。

出題の内容は、「日常使われる基礎的な文を構成するのに必要な文法知識」を問うもので、動詞の法・時制では、**近接未来**・**近接過去**をふくむ**直説法現在**と**命令法**が5級の出題の範囲になります。人称代名詞は主語と強勢形に限られ、目的語としての用法は出題されません。このほか形容詞と名詞・代名詞の性・数の一致や否定文、疑問文、語順などに関する基本的な知識が問われます。

「読む」内容については、日常的な表現や応答文、初歩的な会話文についてその内容を読み取る力が、「聞く」内容については、同じく簡単な応答文や日常的な表現を用いた短文を聞いて、その内容を把握する力が問われます。また、1～20までの数の聞き取りがあります。

5級で出題される語彙の範囲は、『仏検公式基本語辞典 3級・4級・5級』（フランス語教育振興協会編、朝日出版社）*で第1レベル「5級に属する語」として示されている550語が基準になります。

＊本文中では『仏検公式基本語辞典』と略。ページ番号は初版第3刷（2015年）による。

以下に、2019年度春季および秋季の問題冊子と解説・解答を掲載しています。実際のテストのつもりで解いてみましょう。また問題別の配点一覧が各季の「解答・解説」の最後にかかげてありますから、解答を確認して自己採点してみてください。

発音の仮名表記については以下のようにしてあります。

1. 注意すべき個別の発音表記は、→の右の[　]のとおりです。
   [b] → [b ブ]
   [v] → [v ヴ]
   [l] → [l ル]
   [r] → [r る]
   [ɔ̃] → [ɔ̃ オン]
2. リエゾンやアンシェヌマンが起きているところは、下線が引いてあります。
   trois heures [trwɑzːœr トろワズーる]
   douze heures [duzːœr ドゥズーる]

解答用紙（雛型）（67%縮小）

2019年度　秋季　実用フランス語技能検定試験（5級）　解答用紙

会　場　名

氏　名

会場コード					
⓪	⓪	⓪	⓪	⓪	⓪
①	①	①	①	①	①
②	②	②	②	②	②
③	③	③	③	③	③
④	④	④	④	④	④
⑤	⑤	⑤	⑤	⑤	⑤
⑥	⑥	⑥	⑥	⑥	⑥
⑦	⑦	⑦	⑦	⑦	⑦
⑧	⑧	⑧	⑧	⑧	⑧
⑨	⑨	⑨	⑨	⑨	⑨

受験番号							
⓪	⓪	⓪	⓪	⓪	⓪	⓪	⓪
①	①	①	①	①	①	①	①
②	②	②	②	②	②	②	②
③	③	③	③	③	③	③	③
④	④	④	④	④	④	④	④
⑤	⑤	⑤	⑤	⑤	⑤	⑤	⑤
⑥	⑥	⑥	⑥	⑥	⑥	⑥	⑥
⑦	⑦	⑦	⑦	⑦	⑦	⑦	⑦
⑧	⑧	⑧	⑧	⑧	⑧	⑧	⑧
⑨	⑨	⑨	⑨	⑨	⑨	⑨	⑨

マークについての注意事項

1. マークはかならずHBまたはBの黒鉛筆（シャープペンシル可）で◯の中を**正確に塗りつぶしてください**（下記マーク例参照）。ボールペンや万年筆等でマークした解答は機械による読み取りの対象とならないため、採点されません。
2. 訂正の場合は、プラスチック製消しゴムできれいに消してください。
3. **解答用紙を折り曲げたり、破ったり、汚したりしないでください。**

マーク例

良い例	悪い例
●	◯· ⊠ ◯ ◯ ◑ ◯

筆記

1

解答番号	解答欄
(1)	① ② ③
(2)	① ② ③
(3)	① ② ③
(4)	① ② ③
(5)	① ② ③

2

解答番号	解答欄
(1)	① ② ③
(2)	① ② ③
(3)	① ② ③
(4)	① ② ③
(5)	① ② ③

3

解答番号	解答欄
(1)	① ② ③
(2)	① ② ③
(3)	① ② ③
(4)	① ② ③

4

解答番号	解答欄
(1)	① ②
(2)	① ②
(3)	① ②
(4)	① ②

5

解答番号	解答欄
(1)	① ② ③
(2)	① ② ③
(3)	① ② ③
(4)	① ② ③

6

解答番号	解答欄
(1)	① ②
(2)	① ②
(3)	① ②
(4)	① ②

7

解答番号	解答欄
(1)	① ② ③
(2)	① ② ③
(3)	① ② ③
(4)	① ② ③

聞き取り

1

解答番号	解答欄
(1)	① ②
(2)	① ②
(3)	① ②
(4)	① ②
(5)	① ②

2

解答番号	解答欄
(1)	⓪ ① ② ③ ④ ⑤ ⑥ ⑦ ⑧ ⑨
	⓪ ① ② ③ ④ ⑤ ⑥ ⑦ ⑧ ⑨
(2)	⓪ ① ② ③ ④ ⑤ ⑥ ⑦ ⑧ ⑨
	⓪ ① ② ③ ④ ⑤ ⑥ ⑦ ⑧ ⑨
(3)	⓪ ① ② ③ ④ ⑤ ⑥ ⑦ ⑧ ⑨
	⓪ ① ② ③ ④ ⑤ ⑥ ⑦ ⑧ ⑨
(4)	⓪ ① ② ③ ④ ⑤ ⑥ ⑦ ⑧ ⑨
	⓪ ① ② ③ ④ ⑤ ⑥ ⑦ ⑧ ⑨
(5)	⓪ ① ② ③ ④ ⑤ ⑥ ⑦ ⑧ ⑨
	⓪ ① ② ③ ④ ⑤ ⑥ ⑦ ⑧ ⑨

3

解答番号	解答欄
(1)	① ② ③ ④ ⑤
(2)	① ② ③ ④ ⑤
(3)	① ② ③ ④ ⑤
(4)	① ② ③ ④ ⑤
(5)	① ② ③ ④ ⑤

4

解答番号	解答欄
(1)	① ②
(2)	① ②
(3)	① ②
(4)	① ②
(5)	① ②

2019年度春季
実用フランス語技能検定試験
試験問題冊子 〈5級〉

問題冊子は試験開始の合図があるまで開いてはいけません。

筆 記 試 験	10時00分～10時30分 (休憩なし)
聞き取り試験	10時30分から約15分間

◇問題冊子は表紙を含め16ページ、筆記試験が7問題、聞き取り試験が4問題です。

注　意　事　項

1　途中退出はいっさい認めません。

2　筆記用具は**HBまたはBの黒鉛筆**(シャープペンシルも可)を用いてください。ボールペンや万年筆等でマークした解答は機械による読み取りの対象とならないため、採点されません。

3　解答用紙の所定欄に、**受験番号**と**カナ氏名**が印刷されていますから、まちがいがないか、**確認**してください。

4　**解答は、解答用紙の解答欄にマークしてください。**たとえば、1の(1)に対して③と解答する場合は、次の例のように解答欄の③にマークしてください。

例　1

解答番号	解 答 欄
(1)	①　②　●

5　解答に関係のないことを書いた答案は無効にすることがあります。

6　解答用紙を折り曲げたり、破ったり、汚したりしないように注意してください。

7　問題内容に関する質問はいっさい受けつけません。

8　不正行為者はただちに退場、それ以降および来季以後の受験資格を失うことになります。

9　**携帯電話等の電子機器の電源はかならず切って、かばん等にしまってください。**

10　**時計のアラームは使用しないでください。**

11　この試験問題の複製(コピー)を禁じます。また、この試験問題の一部または全部を当協会の許可なく他に伝えたり、漏えいしたりすることを禁じます(インターネットや携帯サイト等に掲載することも含みます)。

筆記試験終了後、休憩なしに聞き取り試験にうつります。

1　次の (1) ～ (5) の (　　) 内に入れるのにもっとも適切なものを、それぞれ ① ～ ③ のなかから 1 つずつ選び、解答欄のその番号にマークしてください。(配点　10)

(1) Ce sont (　　) livres de Nicolas.

① la　　② le　　③ les

(2) Elle a (　　) grande sœur.

① des　　② un　　③ une

(3) Il a (　　) chance.

① de　　② de la　　③ des

(4) Pauline habite avec (　　) petit chien.

① sa　　② ses　　③ son

(5) (　　) monsieur est très gentil.

① Ce　　② Ces　　③ Cette

(解説・解答 ▶ p.202)

2

次の (1) ～ (5) の (　　) 内に入れるのにもっとも適切なものを、それぞれ ① ～ ③ のなかから 1 つずつ選び、解答欄のその番号にマークしてください。(配点　10)

(1) Elles (　　) des lettres.

① recevons　　② reçoit　　③ reçoivent

(2) Il (　　) une cravate ?

① choisis　　② choisissent　　③ choisit

(3) Le magasin (　　) à neuf heures.

① ouvre　　② ouvrent　　③ ouvres

(4) Tu (　　) du sucre ?

① met　　② mets　　③ mettons

(5) Vous (　　) souvent vos parents ?

① voient　　② voyez　　③ voyons

(解説・解答 ▶ p.204)

3

例にならい、次の (1) ～ (4) において、それぞれ ① ～ ③ をすべて用いて、あたえられた日本語に対応する文を完成したときに、(　　) 内に入るのはどれですか。① ～ ③ のなかから 1 つずつ選び、解答欄のその番号にマークしてください。(配点　8)

例：私たちはパリの出身です。

Nous ______ (______) ______ .

① de　　② Paris　　③ sommes

Nous sommes (de) Paris .

　　　③　　　①　　②

となり、③ ① ② の順なので、(　　) 内に入るのは ①。

(1)　家にはだれもいない。

Il n'y ______ (______) ______ la maison.

① a　　② dans　　③ personne

(2)　日本では 6 月に雨がたくさん降る。

Au Japon, il ______ (______) ______ juin.

① beaucoup　　② en　　③ pleut

(3)　母は出かけたところです。

Ma mère ______ (______) ______ .

① de　　② partir　　③ vient

(4)　ほら、赤鉛筆ですよ。

Voilà ______ (______) ______ .

① crayon　　② rouge　　③ un

(解説・解答 ▶ p.205)

4

次の (1) ～ (4) に対する応答として適切なものを、それぞれ ①、② から選び、解答欄のその番号にマークしてください。(配点　8)

(1) Comment va-t-elle ?

① Elle va à la gare.
② Elle va très bien.

(2) Il est quelle heure ?

① Il est une heure et demie.
② Je rentre à cinq heures.

(3) Nous restons combien de temps à Paris ?

① Il pleut.
② Une semaine.

(4) Tu as soif ?

① Oui. Il y a de la viande.
② Oui. Tu as de l'eau ?

(解説・解答 ▶ p.206)

5　次の (1) ～ (4) において、日本語で示した**特徴を持たない語**を、それぞれ ① ～ ③ のなかから 1 つずつ選び、解答欄のその番号にマークしてください。(配点　8)

(1)　移動

① monter　② penser　③ revenir

(2)　季節

① été　② hiver　③ lundi

(3)　住居

① chambre　② cuisine　③ métro

(4)　植物

① arbre　② bureau　③ fleur

(解説・解答 ▶ p.207)

6 次の (1) ～ (4) の絵に対応する文を、それぞれ ①、② から選び、解答欄のその番号にマークしてください。(配点 8)

(1)

① Elles sont à la campagne.
② Elles sont en ville.

(2)

① Il est triste.
② Il n'est pas triste.

(3)

① Ils attendent le bus.
② Ils descendent du bus.

(4)

① La fille est derrière sa mère.
② La fille est devant sa mère.

(解説・解答 ▶ p.208)

7　次の会話を読み、(1)～(4)に入れるのにもっとも適切なものを、それぞれ ① ～ ③ のなかから 1 つずつ選び、解答欄のその番号にマークしてください。(配点 8)

Maria : (1) est-ce que tu viens ici ?
Louis : Je viens (2) vélo.
Maria : Mais tu habites très loin.
Louis : Oui, il (3) deux heures.
Maria : Tu n'es pas fatigué ?
Louis : (4), ça va. J'aime bien faire du sport.

(1)	① Combien	② Comment	③ Pourquoi
(2)	① à	② dans	③ de
(3)	① a	② est	③ faut
(4)	① Non	② Oui	③ Si

(解説・解答 ▶ p.209)

聞き取り試験問題

聞き取り試験時間は、 10時30分から約15分間

注 意 事 項

1　聞き取り試験は、CD・テープでおこないますので、CD・テープの指示にしたがってください。

2　解答はすべて筆記試験と同じ解答用紙の解答欄に、**HB または B の黒鉛筆**（シャープペンシルも可）でマークしてください。ボールペンや万年筆等でマークした解答は機械による読み取りの対象とならないため、採点されません。

1

- フランス語の文 (1) ～ (5) を、それぞれ3回ずつ聞いてください。
- (1) ～ (5) の文に対する応答として適切なものを、それぞれ ①、② から選び、解答欄のその番号にマークしてください。

(メモは自由にとってかまいません)(配点　10)

[音声を聞く順番]　㉝ → ㉞

(1) ① À l'aéroport.

② Vendredi soir.

(2) ① Avec mes parents.

② Chez moi.

(3) ① Moi, Bruno.

② Moi, je suis français.

(4) ① Non, elle a deux filles.

② Oui, un garçon.

(5) ① Non, il est midi.

② Oui, il y a du soleil.

(解説・解答 ▶ p.211)

2

- フランス語の文 (1) ～ (5) を、それぞれ 3 回ずつ聞いてください。
- どの文にもかならず数が含まれています。例にならって、その数を解答欄にマークしてください。

(メモは自由にとってかまいません)(配点　10)

[音声を聞く順番]　㉟ → ㊱

(例)

- 「7」と解答したい場合には、

●	①	②	③	④	⑤	⑥	⑦	⑧	⑨
⓪	①	②	③	④	⑤	⑥	●	⑧	⑨

とマークしてください。

- 「15」と解答したい場合には、

⓪	●	②	③	④	⑤	⑥	⑦	⑧	⑨
⓪	①	②	③	④	●	⑥	⑦	⑧	⑨

とマークしてください。

(1)

(2)

(3)

(4)

(5)

(解説・解答 ▶ p.213)

3

- フランス語の文 (1) ～ (5) を、それぞれ3回ずつ聞いてください。
- それぞれの文にもっともふさわしい絵を、下の ① ～ ⑤ のなかから1つずつ選び、解答欄のその番号にマークしてください。ただし、同じものを複数回用いることはできません。

(メモは自由にとってかまいません) (配点　10)

［音声を聞く順番］ ㊲→㊳

(1)

(2)

(3)

(4)

(5)

①

②

③

④

⑤

(解説・解答 ▶ p.214)

4

- フランス語の文 (1) ～ (5) を、それぞれ3回ずつ聞いてください。
- (1) ～ (5) の文にふさわしい絵を、それぞれ ①、② から選び、解答欄のその番号にマークしてください。

（メモは自由にとってかまいません）（配点　10）

［音声を聞く順番］　㊴ → ㊵

(1)

①

②
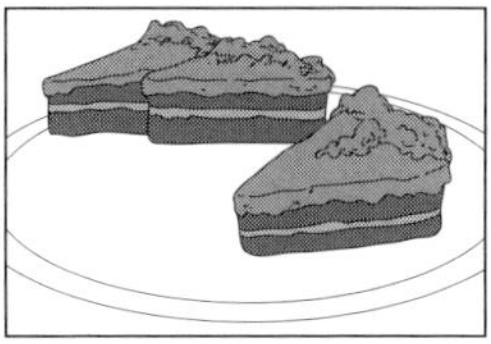

(2)

①

②

(3)

①

②

(4)

①

②

(5)

①
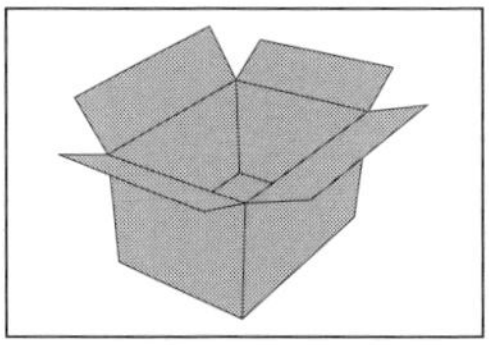

②
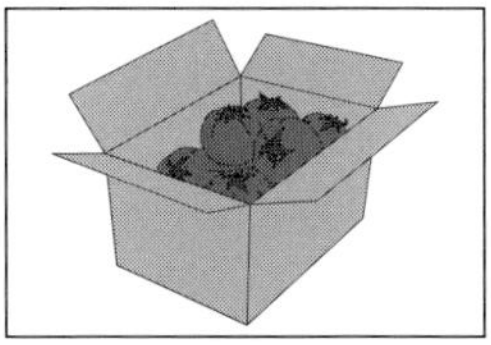

（解説・解答 ▶ p.216）

2019 年度春季 5 級

今季の出願者 1,626 名のうち受験者は 1,463 名。合格者は 1,224 名で、実受験者に対する合格率は 84%でした。合格率は、2018 年度秋季 81%、2018 年度春季 91%でしたので、おおむね安定しているといえます。平均得点率は、筆記試験が 76%、聞き取り試験が 71%、全体では 74%でした。全体の平均得点率についても、2018 年秋季 72%、2018 年度春季 80%ですから、さほど大きな変化はありません。ただし今回は、聞き取り試験の平均得点率が筆記試験よりもやや低い結果となりました。

出題内容のあらまし

[筆記]

1 冠詞、指示形容詞、所有形容詞（穴うめ・選択）
2 動詞活用（穴うめ・選択）
3 語順（語句の並べかえによる仏文完成・選択）
4 応答文（仏文選択）
5 語彙（選択）
6 対になる表現・語句（絵の内容に対応する仏文選択）
7 会話文（穴うめ・選択）

[聞き取り]

1 応答文（仏文選択）
2 数（マーク式による記入）
3 短文（仏文に対応する絵の選択）
4 男性・女性、単数・複数、肯定・否定の区別（仏文に対応する絵の選択）

筆記試験

解説・解答

1　**解説**、名詞と結びつく冠詞（不定冠詞、定冠詞、部分冠詞）と指示形容詞、所有形容詞に関する問題です。

(1)　Ce sont (les) livres de Nicolas.「これらはニコラの本です」

選択肢はすべて定冠詞です。① la は単数の女性名詞に対して、② le は単数の男性名詞に対して、③ les は男女にかかわらず複数の名詞に対して、それぞれ用いられます。名詞 livres「本」は語尾の s から複数形であることが判断できます。したがって、選ぶべき定冠詞は、複数の名詞につく les になります。正解は③ les です。

得点率は92%でした。

(2)　Elle a (une) grande sœur.「彼女には姉がひとりいます」

選択肢はすべて不定冠詞です。① des は男女にかかわらず複数の名詞に対して、② un は単数の男性名詞に対して、③ une は単数の女性名詞に対して、それぞれ用いられます。名詞 sœur「姉（妹）」の前に置かれた形容詞 grande は、語尾に女性のマーカーである e がついているので、女性単数形です。そこから sœur が単数の女性名詞であることがわかります。選ぶべき不定冠詞は、単数の女性名詞につく une で、正解は③ une です。grande sœur は「大きな姉妹」ではなく「姉」の意味です。また「妹」は petite sœur となります。

得点率は92%でした。

(3)　Il a (de la) chance.「彼はついている（← 彼はいくらかの幸運（つき）を持っている）」

選択肢① de は、直接目的語の前についた不定冠詞や部分冠詞が否定文になったときに用いられます。② de la は単数の女性名詞につく部分冠詞、③ des は複数の名詞につく不定冠詞です。さて、chance「幸運」のような抽象名詞がこのようにいくらかの量を表わす場合には、部分冠詞をともないます。

したがって選ぶべきは、部分冠詞 de la となります。そもそもこの文は否定文ではないので① de は排除されますし、chance は単数名詞なので③ des も排除されます。正解は② de la です。

得点率は78%でした。

(4)　Pauline habite avec (son) petit chien.「ポリーヌは（彼女の）子犬といっしょに住んでいる」

選択肢はすべて、「彼（彼女）の」の意味を表わす所有形容詞です。① sa は子音で始まる単数の女性名詞に対して、② ses は男女にかかわらず複数の名詞に対して、③ son は単数の男性名詞（および母音で始まる単数の女性名詞）に対して、それぞれ用いられます。名詞 chien「犬」の前に置かれた形容詞 petit「小さな」は男性単数形ですから、chien は男性名詞であることがわかります。選ぶべき所有形容詞は、単数の男性名詞につく son になります。正解は③ son です。

得点率は77%でした。

(5)　(Ce) monsieur est gentil.「この男性は親切です」

選択肢はすべて指示形容詞です。① Ce は子音で始まる単数の男性名詞に対して（母音で始まる単数の男性名詞の場合は、Cet が用いられます）、② Ces は男女にかかわらず複数の名詞に対して、③ Cette は単数の女性名詞に対して、それぞれ用いられます。名詞 monsieur「男性」は子音で始まる男性名詞ですから、選ぶべき指示形容詞は、Ce になります。正解は① Ce です。もし monsieur の意味や性がわからなくても、補語として monsieur にかかる形容詞 gentil「親切な」が男性単数形なので、そこから monsieur が単数の男性名詞であることがわかります。

得点率は88%でした。

問題1全体の得点率は86%でした。

解答　(1) ③　(2) ③　(3) ②　(4) ③　(5) ①

2 **解説** 基本的な動詞の活用についての問題です。

(1) Elles (reçoivent) des lettres.「彼女たちは手紙を受け取ります」
問われている動詞は、recevoir「受け取る」です。その現在形は〈je reçois、tu reçois、il / elle reçoit、nous recevons、vous recevez、ils / elles reçoivent〉と活用します。正解は③ reçoivent です。
得点率は86%でした。

(2) Il (choisit) une cravate ?「彼はネクタイを選びますか」
問われている動詞は、choisir「選ぶ」です。その現在形は〈je choisis、tu choisis、il / elle choisit、nous choisissons、vous choisissez、ils / elles choisissent〉と活用します。正解は③ choisit です。同じタイプの活用をする動詞として finir「終える（終わる）」などがあります。
得点率は82%でした。

(3) Le magasin (ouvre) à neuf heures.「店は9時にあきます」
問われている動詞は ouvrir「あける（あく）」です。その現在形は〈j'ouvre、tu ouvres、il / elle ouvre、nous ouvrons、vous ouvrez、ils / elles ouvrent〉と活用します。正解は① ouvre です。ouvrir の語尾は -ir ですが、活用は -er 動詞と同じですので、注意してください。
得点率は70%でした。

(4) Tu (mets) du sucre ?「お砂糖入れる？」
問われている動詞は mettre「置く（入れる、身につける）」です。その現在形は〈je mets、tu mets、il / elle met、nous mettons、vous mettez、ils / elles mettent〉と活用します。正解は② mets です。
得点率は83%でした。

(5) Vous (voyez) souvent vos parents ?「あなたはよくご両親と会いますか」
問われている動詞は voir「見る（会う）」です。その現在形は〈je vois、tu vois、il / elle voit、nous voyons、vous voyez、ils / elles voient〉と活用します。正解は② voyez です。

得点率は94%でした。

問題2全体の得点率は83%でした。

解答 (1) ③ (2) ③ (3) ① (4) ② (5) ②

3 **解説** 選択肢としてあたえられた語句を並べかえ、文を完成する問題です。

(**1**) 冒頭のIl n'yは、非人称表現il y a ...「～がある」の否定形il n'y a pas...「～がない」ではないかと、まず考えてみましょう。しかし選択肢にはpasはありません。ここでは、ne ... pasではなく、ne ... personne「だれも～ない」という否定の表現が使われているのです。つまり、Il n'y ① a ③ personne「だれもいない」となります。つぎに、la maison「家」の前に前置詞② dans「～の中に」を置くと、dans la maison「家には」ができあがります。こうしてIl n'y a (personne) dans la maison. という文が完成します。正解は③ personneです。ne ... personne「だれも～ない」は、ne ... rien「何も～ない」とともに否定の表現として覚えておきましょう。

得点率は79%でした。

(**2**) まず、一般に天候を表わすときの主語は、非人称のilであることを思い出してください。動詞「雨が降る」の不定詞はpleuvoirですが、3人称単数でしか用いられませんので、現在形ではつねにil ③ pleutという形になります。またjuin「6月」のような月名の前について「～に」の意味になる前置詞は② enです。en juin「6月に」となります。① beaucoupは「たくさん」の意味の副詞で動詞の後に置かれます。こうしてAu Japon, il pleut (beaucoup) en juin. という文が完成します。正解は① beaucoupです。

得点率は77%でした。

(**3**) 「～したところだ」という近接過去の表現には、〈venir de ＋不定詞〉を用いることがポイントです。主語のMa mère「私の母」に対応する動詞venirの3人称単数の活用形③ vientのあとに、① deと不定詞② partir「出かける」をつづけます。こうしてMa mère vient (de) partir. という文が完成します。正解は① deです。

得点率は90%でした。

(4) Voilàの後にくる語句として、まず③ unと① crayonを組み合わせたun crayon「1本の鉛筆」が思いつくでしょう。問題は② rouge「赤い」という形容詞をどこに置くかです。このような色彩を表わす形容詞はかならず名詞のあとに置きますので、un crayon rougeとなります。こうしてVoilà un (crayon) rouge. という文が完成します。正解は① crayonです。

得点率は71%でした。

問題3全体の平均得点率は79%でした。

解答 (1) ③　(2) ①　(3) ①　(4) ①

4

解説 フランス語の質問を読み、2つの選択肢から適切な応答を選ぶ問題です。

(1) Comment va-t-elle ?「彼女は元気ですか」

疑問副詞commentは「どうやって」という手段を問う場合と、「どんな」という様態や性質を問う場合があります。ここでは、動詞allerとともに相手の状態をきく定型表現になっています。② Elle va très bien.「彼女はとても元気です」が適切な応答になります。① Elle va à la gare.「彼女は駅に行きます」では応答になりません。正解は② Elle va très bien. です。

得点率は79%でした。

(2) Il est quelle heure ?「何時ですか」

時間を尋ねる定型表現です。① Il est une heure et demie.「1時半です」が適切な応答になります。② Je rentre à cinq heures.「私は5時に帰ります」では応答になりません。正解は① Il est une heure et demie. です。ちなみに、Je rentre à cinq heures. の応答をみちびく疑問文は、たとえばÀ quelle heure rentrez-vous ?「あなたは何時に帰りますか」です。

得点率は89%でした。

(3) Nous restons combien de temps à Paris ?「パリにはどのくらい滞在しようか」

combien de ... で数量を問う表現です。temps は「時間」ですから、combien de temps で「どれだけの時間」をきいています。② Une semaine.「1 週間」が適切な応答になります。① Il pleut.「雨が降っている」では応答になりません。正解は② Une semaine. です。ちなみに、Il pleut. の応答をみちびく疑問文は、たとえば Quel temps fait-il ?「どんな天気ですか」です。

得点率は 68％でした。

(4) Tu as soif ?「のどが渇いてる？」

avoir soif は「のどが渇いている」という意味をあらわす熟語です。② Oui. Tu as de l'eau ?「ええ。お水ある？」が適切な応答になります。① Oui. Il y a de la viande.「ええ。肉があります」では応答になりません。正解は② Oui. Tu as de l'eau ? です。おなじく avoir を用いた avoir faim「お腹がすいている」、avoir sommeil「眠い」、〈avoir mal à ＋定冠詞＋身体の部分〉「～が痛い」などの表現も、覚えておきましょう。

得点率は 76％でした。

問題4全体の得点率は 78％でした。

解答 (1) ② (2) ① (3) ② (4) ②

5

解説 日本語の指示にしたがい、選択肢のなかから適切な語を選ぶ問題です。

(1) 3 つの選択肢の意味は、それぞれ① monter「登る（乗り込む）」、② penser「考える」、③ revenir「戻る」です。「移動」と関係のない語は penser ですから、正解は② penser です。

得点率は 68％でした。

(2) 3 つの選択肢の意味は、それぞれ① été「夏」、② hiver「冬」、③ lundi「月曜日」です。「季節」でないものは lundi ですから、正解は③ lundi です。季節を表わす語は、ほかに printemps「春」と automne「秋」があります。合わせて確認しておきましょう。

得点率は 88％でした。

(3) 3つの選択肢の意味は、それぞれ① chambre「寝室」、② cuisine「台所」、③ métro「地下鉄」です。「住居」と関係のないものは métro ですから、正解は③ métro です。cuisine には「料理」のほかに「台所」の意味がありますので、注意してください。
得点率は79%でした。

(4) 3つの選択肢の意味は、それぞれ① arbre「木」、② bureau「会社（デスク）」、③ fleur「花」です。「植物」を表わさないのは bureau です。正解は② bureau です。
得点率は78%でした。

問題5全体の得点率は78%でした。

解答 (1) ②　(2) ③　(3) ③　(4) ②

6 解説 イラストと一致する文を選ぶ問題です。

(1) 2人の女性が自然の中を歩いているイラストです。① Elles sont à la campagne. は「彼女たちは田舎にいる」、② Elles sont en ville. は「彼女たちは町に（都会に）いる」です。à la campagne「田舎に」と en ville「町に（都会に）」の対比が焦点になっています。正解は① Elles sont à la campagne. です。
得点率は81%でした。

(2) 男性が手紙を読んで、うれしそうな表情をうかべているイラストです。① Il est triste. は「彼は悲しい」、② Il n'est pas triste. は「彼は悲しくない」です。それぞれ形容詞 triste「悲しい」を用いた肯定文と否定文になっています。正解は② Il n'est pas triste. です。
得点率は52%でした。

(3) ① Ils attendent le bus. は「彼らはバスを待っている」、② Ils descendent du bus. は「彼らはバスから降りる」です。動詞 attendre「待つ」と descendre「降りる」の意味をしっかり区別してとらえているかがポイントです。正解は① Ils attendent le bus. です。なお、乗りものに「乗り込む」ときには、動詞 monter を用います。

得点率は 88%でした。

(4) 女性の前を女の子が歩いているイラストです。① La fille est derrière sa mère. は「女の子はお母さんの後ろにいる」、② La fille est devant sa mère. は「女の子はお母さんの前にいる」です。場所を表わす前置詞 derrière「～の後ろに」と devant「～の前に」の対比が焦点になっています。正解は② La fille est devant sa mère. です。

得点率は 74%でした。

問題6全体の得点率は 74%でした。

解答 (1) ① (2) ② (3) ① (4) ②

7

解説 会話文を読み、空欄に適切な語をおぎなう問題です。動詞や形容詞、疑問詞、前置詞などの用法が問われます。

自転車をめぐる、マリアとルイの対話です。

(1) (1) est-ce que tu viens ici ?「(1) ここまで来たの？」とマリアがルイに質問をします。選択肢を見ると、① Combien「どのくらい」(数量)、② Comment「どのようにして」(手段)、③ Pourquoi「なぜ」(理由) があります。では、ルイの返答を見てみましょう。Je viens (2) vélo.「自転車 (2) 来たんだよ」と答えています。つまり、交通手段が問われていたことが推測されます。正解は② Comment です。

得点率は 81%でした。

(2) Je viens (2) vélo.「自転車 (2) 来たんだよ」とルイは答えています。選択肢を見ると、① à「～で」、② dans「～の中に」、③ de「～の、～から」の前置詞が並んでいます。自転車や馬などのように、またがって乗る場合には、主に前置詞 à を使います。それ以外の乗りものは、一般に en を用います。たとえば、en train「電車で」、en avion「飛行機で」など。正解は① à です。

得点率は 43%でした。

(3) Mais tu habites très loin ?「でもとても遠くに住んでいるのでしょう」ときくマリアにルイは、Oui, il (3) deux heures.「そうなんだ、2時間 (3) だよ」と答えています。選択肢を見ると、① a < avoir「持つ」、② est < être「～だ」、③ faut < falloir「かかる（必要だ）」の動詞が並んでいます。② est も入りそうですが、「2時だ」という時間を表わす表現になってしまい、応答になりません。ここでは「必要性」を表わす非人称表現が使われているのです。その際に用いられる動詞は falloir ですが、3人称単数形しかないので、現在形ではつねには il faut となります。il faut のあとに名詞がつづくときには「～が必要である。（時間など）がかかる」という意味に、また動詞の不定詞がつづく場合には「～しなければならない（← ～する必要がある）」となります。正解は③ faut です。

得点率は39％でした。

(4) Tu n'es pas fatigué ?「疲れてないの？」ときくマリアにルイは、(4), ça va. J'aime bien faire du sport.「(4)、だいじょうぶだよ。ぼくはスポーツをするのがとても好きなんだ」と答えています。(4) に入れるべき語を選択肢にさがすと、① Non「うん（疲れていない）」、② Oui（否定疑問に対する応答としては使えない）、③ Si「いや（疲れている）」が並んでいます。ここでは、Non 以外は返答として成立しません。正解は① Non です。否定疑問「～ではないのですか」に対して肯定の内容で答えるときには Si を用い、「いいえ～です」となります。このとき、Oui は使えませんので注意してください。また否定の内容で答えるときには Non を用い、「はい、～ではありません」となります。日本語の「はい／いいえ」に惑わされないようにしましょう。

得点率は41％でした。

問題7全体の得点率は51％でした。

解答　(1) ②　(2) ①　(3) ③　(4) ①

聞き取り試験

解説・解答

1

(読まれる質問)

(1)　Tu pars quand ?

(2)　Tu vas où ?

(3)　Je m'appelle Émilie. Et toi ?

(4)　Elle a des enfants ?

(5)　Il fait beau ?

解説　フランス語の文(1)～(5)を聞き取り、その応答として適切なものを選ぶ問題です。

(1)　Tu pars quand ?「いつ出かけるの」

会話ではよくあることですが、この疑問文では疑問詞 quand「いつ」が文の後ろに置かれています。この quand [kɑ̃ カン] が聞き取れれば、「時」が問われていることがわかります。そして動詞 partir の2人称単数の活用形 tu pars [typaːr テュパーる] と合わせて、「いつ出かけるの」という疑問文全体が理解されるでしょう。さて、選択肢を見ると、① À l'aéroport.「空港に」と ② Vendredi soir.「金曜の夜」がありますが、正解は ② Vendredi soir. です。À l'aéroport. が答えになる疑問文は、Tu pars où ? / Où pars-tu ?「どこに出かけるの」などです。

得点率は66%でした。

(2)　Tu vas où ?「どこに行くの」

この疑問文でも、疑問詞 où「どこに」が後置されています。この疑問詞

où [u ウ] が聞き分けられれば、「場所」をきいていることがわかります。Tu vas [tyva テュヴァ] は aller「行く」の 2 人称単数の活用形です。選択肢を見ると、① Avec mes parents.「私の両親といっしょに」と ② Chez moi.「私の家に」がありますが、正解は ② Chez moi. です。Avec mes parents. が答えになる疑問文は、Tu vas avec qui ? / Avec qui vas-tu ?「だれといっしょに行くの」などです。

得点率は 75%でした。

(3) Je m'appelle Émilie. Et toi ?「私の名前はエミリ。あなたは？」

Je m'appelle ... は自分の名前をいうときの定型表現です。tu の強勢形 toi を用いた Et toi ?「あなたは（君は）？」は、相手の名前をきき返す表現になります。選択肢を見ると、① Moi, Bruno.「ぼくは、ブリュノです」と ② Moi, je suis français.「ぼくは、フランス人（男性）です」があります。いずれも je の強勢形 moi「私は（ぼくは）」で始まっていますが、ポイントは名前なのですから、正解は ① Moi, Bruno. です。Moi, je suis français. が答えになる疑問文としては、たとえば、Je suis japonaise, et toi ?「私は日本人（女性）です、君は？」などが考えられます。

得点率は 92%でした。

(4) Elle a des enfants ?「彼女には子どもがいますか」

選択肢を見ると、① Non, elle a deux filles.「いいえ、娘さんが 2 人います」と ② Oui, un garçon.「はい、男の子が 1 人います」があり、正解は ② Oui, un garçon. です。Non, elle a deux filles. が答えになる疑問文は、たとえば、Elle a des garçons ?「彼女には男のお子さんがいますか」です。garçon は本来「少年」の意味ですが、会話ではしばしば fils「息子」の意味でも使われます。

得点率は 46%でした。

(5) Il fait beau ?「天気はいいですか（晴れていますか）」

Il fait は、動詞 faire を用いた非人称表現で、天候や寒暖を表わします。選択肢を見ると、① Non, il est midi.「いいえ、正午です」と ② Oui, il y a du soleil.「はい、晴れています」がありますが、正解は ② Oui, il y a du soleil. です。この場合、du soleil の du は部分冠詞で、太陽の光を指しています。il y du soleil「晴れている（← 陽光がある）」も、日常よく用いられる表現ですので、覚えておきましょう。

得点率は71%でした。

問題1全体の得点率は70%でした。

解答 (1) ② (2) ② (3) ① (4) ② (5) ②

2

（読まれる文）

(1) Ça fait onze euros.

(2) Il a quatre ans.

(3) Il y a dix-huit élèves dans la classe.

(4) Prenez le bus seize.

(5) Trois tickets, s'il vous plaît.

解説 フランス語の文(1)～(5)にふくまれる数を聞き取る問題です。

(1) Ça fait onze euros.「全部で11ユーロです」

正解は11です。onze は [ɔ̃:z オーンズ] と発音します。つぎに母音で始まる euros [øro ウろ] がくるので、onze の語末の音 [z ズ] と euros の語頭の母音をひとつづきで発音します。onze euros は [ɔ̃:zøro オーンズゥろ] と発音されています。なお、ça fait ... は「合計でいくら」という意味になります。

得点率は75%でした。

(2) Il a quatre ans.「彼は4歳です」

正解は04です。Il a は [ila イラ]、quatre ans は [katrɑ̃ カトらン] とそれぞれひとつづきに発音されています。聞き取りに注意しましょう。

得点率は68 %でした。

(3) Il y a dix-huit élèves dans la classe.「18 人の生徒が教室にいます」
正解は 18 です。dix-huit は [dizɥit ディズュイット] と発音されます。dix-huit の語末の [t] とつづく élèves [elɛːv エレーヴ] をひとつの音にして [telɛːv テレーヴ] と発音します。dix-huit élèves は [dizɥitelɛːv ディズュイテレーヴ] と発音されています。
得点率は 83%でした。

(4) Prenez le bus seize.「16 番のバスに乗ってください」
正解は 16 です。seize は [sɛːz セーズ] と発音します。この文は数詞で終わっていますから、16 の音声を聞き取るだけです。Prenez は prendre「乗る」の命令形です。
得点率は 67%でした。

(5) Trois tickets, s'il vous plaît.「切符を 3 枚お願いします。」
正解は 03 です。この文で trois のあとにきているのは子音で始まる名詞 tickets ですから、音のつながりはありません。trois tickets は [trwɑtikɛ トゥるワティケ] と発音されています。
得点率は 84%でした。

問題2全体の得点率は 76%でした。

解答　(1) 11　(2) 04　(3) 18　(4) 16　(5) 03

3

(読まれる文)

(1) Entrez, madame.
(2) Bonnes vacances !
(3) Tu viens avec moi !
(4) J'ai faim !
(5) Vous allez tout droit !

解説 フランス語の文(1)～(5)を聞き取り、その内容に対応する場面を5つのイラストから選ぶ問題です。

(1) Entrez, madame.「（女性に対して）どうぞお入りください」

若い女性が1人の女性を中に招き入れようとしている⑤のイラストが正解です。Entrez は動詞 entrer の2人称 vous に対する命令形です。

得点率は85%でした。

(2) Bonnes vacances !「よい休暇を」

乗りものに乗ろうとしている2人の子どもに女性が手をふっている③のイラストが正解です。形容詞 Bon(ne)(s) をともなう定型表現は、ほかにも Bon voyage !「よい旅行を」、Bonne nuit !「おやすみなさい」など、数多くあります。

得点率は74%でした。

(3) Tu viens avec moi !「（私と）いっしょに来なさい」

女性が子どもの手をとって歩いている①のイラストが正解です。Tu viens は動詞 venir の2人称単数の活用形です。この文を直訳すると「あなたは私といっしょに来る」となりますが、この場合は命令のニュアンスをもっています。

得点率は71%でした。

(4) J'ai faim !「お腹がすいた」

ナイフとフォークを手にしてごちそうを食べようとしている女性のイラスト②が正解です。avoir を用いた定型表現は、今回の筆記問題第4問の(4)でも、avoir soif「のどが渇いている」が出題されています。

得点率は71%でした。

(5) Vous allez tout droit !「まっすぐに行ってください」

女性が指を伸ばし、もう1人の女性に何かを教えている④のイラストが正解です。方向を示す場合、「右に」は à droite を、「左に」は à gauche を用います。

得点率は67%でした。

問題3全体の得点率は 74%でした。

解答　(1) ⑤　(2) ③　(3) ①　(4) ②　(5) ④

4

(読まれる文)

(1) J'achète ces gâteaux.

(2) Elles sont contentes.

(3) Voilà ton sac.

(4) Ils vont à l'école.

(5) Il n'y a rien.

解説　フランス語の文を聞き取り、2 枚の絵から、それぞれの文の内容に合うものを選ぶ問題です。冠詞や形容詞、動詞の活用語尾などの音声を手がかりに、男性形と女性形、単数形と複数形、肯定と否定のちがいを聞き取ります。

(1) J'achète ces gâteaux.「私はこれらのケーキを買います」

イラスト①にはケーキが 1 個、イラスト②にはケーキが 3 個あります。指示形容詞の音声を聞き分けて、ケーキが単数か複数かを判断します。gâteau「ケーキ」は男性名詞なので、1 個であれば ce gâteau [sәgɑto スガト](「このケーキ」)となりますが、設問文では ces gâteaux [segɑto セガト](「これらのケーキ」)と発音されています。したがって、ケーキが 3 個のイラストが正解です。正解は②です。もし gâteau の性がわからなくても、単数の女性名詞の前につく指示形容詞は cette [sɛt セット]、名詞が複数の場合は男性女性にかかわりなくそれにつく指示形容詞は ces [se セ] になりますから、音から判断できます。イラスト①ならば、J'achète ce gâteau. [ʒaʃɛtsәgɑto ジャシェットスガト] になります。

得点率は 54%でした。

(2)　Elles sont contentes.「彼女たちは満足しています」

イラスト①には女性が 2 人、イラスト②には男女各 1 人の学生が描かれています。読まれる設問文の主語あるいは形容詞の音声を聞き分けて名詞が女性複数か男性複数かを判断します。男性と女性が混じっている場合は、男性複数になります。まず主語の Elles [ɛl エル] を聞き取ることができれば問題ありません。さらに主語に対して補語としてかかる形容詞 contentes [kɔ̃tɑ̃t コンタント]「満足した」は、語尾の音 [t] から女性形であることがわかります。もし男性であれば contents [kɔ̃tɑ̃ コンタン] となります。正解は①です。ちなみに、イラスト②ならば、Ils sont contents. [ilsɔ̃kɔ̃tɑ̃ イルソンコンタン] になります。

得点率は 76%でした。

(3)　Voilà ton sac.「ほら、君（あなた）のかばんですよ」

イラスト①にはかばんが 1 つ、イラスト②にはかばんが 2 つ見えます。sac(s)「かばん」は単数も複数も発音は同じ [sak サック] ですから、設問文の所有形容詞の音声を聞き分けて名詞が単数か複数かを判断しなければなりません。ton sac の ton [tɔ̃ トン] は子音で始まる単数の男性名詞（あるいは母音で始まる単数の女性名詞）につく 2 人称単数の所有形容詞「君（あなた）の」ですから、かばんは 1 つになります。正解は①です。ちなみに、子音で始まる単数の女性名詞につく 2 人称単数の所有形容詞は ta [ta タ]、また複数の名詞につく 2 人称単数の所有形容詞は tes [te テ] です。イラスト②ならば、Voilà tes sacs. [vwalatesak ヴォワラテサック] になります。

得点率は 70%でした。

(4)　Ils vont à l'école.「彼らは学校に行きます」

イラスト①には校門を入る男の子が 1 人、イラスト②には校門を入る男の子と女の子各 1 人が描かれています。主語が単数か複数かを判断する問題です。読まれる設問文の主語の音 [il] からだけでは、単数の Il か複数の Ils かは判断できません。この場合、動詞の vont [vɔ̃ ヴォン] が、動詞 aller「行く」の 3 人称複数の活用形であることに気づかなければなりません。主語は複数なのですから、正解は②です。イラスト①ならば、Il va à l'école. [ilvaalekɔl イルヴァアレコル] になります。

得点率は 51%でした。

(5)　Il n'y a rien.「何もありません」

イラスト①には何も入っていない空箱が、イラスト②にはたくさんの果実が入った箱が見えます。正解は①です。存在を表わす非人称表現 il y a ...「～がある」が、ne ... rien「何も～ない」という形の否定文になっているのです。Il n'y a rien. は [ilnjarjɛ̃ イルニヤりヤン] と発音されています。得点率は 83%でした。

問題4全体の平均得点率は 67%でした。

解答　(1) ②　(2) ①　(3) ①　(4) ②　(5) ①

配　点　表

問題番号	筆記試験	1	2	3	4	5	6	7	小計	聞き取り	1	2	3	4	小計	合計
点		10	10	8	8	8	8	8	60		10	10	10	10	40	100

2019年度秋季
実用フランス語技能検定試験
試験問題冊子　〈 5 級 〉

問題冊子は試験開始の合図があるまで開いてはいけません。

筆 記 試 験	15 時 30 分 ～ 16 時 00 分 (休憩なし)
聞き取り試験	16 時 00 分から約 15 分間

◇問題冊子は表紙を含め 16 ページ、筆記試験が 7 問題、聞き取り試験が 4 問題です。

注　意　事　項

1　途中退出はいっさい認めません。

2　筆記用具は **HB または B の黒鉛筆** (シャープペンシルも可) を用いてください。ボールペンや万年筆等でマークした解答は機械による読み取りの対象とならないため、採点されません。

3　解答用紙の所定欄に、**受験番号**と**カナ氏名**が印刷されていますから、まちがいがないか、**確認**してください。

4　**解答は、解答用紙の解答欄にマークしてください。**たとえば、1 の (1) に対して ③ と解答する場合は、次の例のように解答欄の ③ にマークしてください。

例　**1**

解答番号	解 答 欄
(1)	① ② ●

5　解答に関係のないことを書いた答案は無効にすることがあります。

6　解答用紙を折り曲げたり、破ったり、汚したりしないように注意してください。

7　問題内容に関する質問はいっさい受けつけません。

8　不正行為者はただちに退場、それ以降および来季以後の受験資格を失うことになります。

9　**携帯電話等の電子機器の電源はかならず切って、かばん等にしまってください。**通信機能のある時計は使用を禁じます。

10　**時計のアラームは使用しないでください。**

11　この試験問題の複製 (コピー) を禁じます。また、この試験問題の一部または全部を当協会の許可なく他に伝えたり、漏えいしたりすることを禁じます (インターネットや携帯サイト等に掲載することも含みます)。

筆記試験終了後、休憩なしに聞き取り試験にうつります。

1　次の (1) ～ (5) の (　　) 内に入れるのにもっとも適切なものを、それぞれ ① ～ ③ のなかから 1 つずつ選び、解答欄のその番号にマークしてください。(配点　10)

(1) Elle aime (　　) cinéma français.

① la　　② le　　③ les

(2) J'ai (　　) amis en France.

① des　　② un　　③ une

(3) Je mange souvent (　　) viande.

① de　　② de la　　③ des

(4) Marine habite avec (　　) grands-parents.

① sa　　② ses　　③ son

(5) (　　) montres sont très chères.

① Ce　　② Ces　　③ Cette

(解説・解答 ▶ p.234)

2 次の (1) ～ (5) の (　　) 内に入れるのにもっとも適切なものを、それぞれ ① ～ ③ のなかから 1 つずつ選び、解答欄のその番号にマークしてください。(配点　10)

(1) Elle (　　) très vite.

① courent　② cours　③ court

(2) Ils (　　) travailler aujourd'hui.

① devons　② doit　③ doivent

(3) Je (　　) avec mon chien.

① sors　② sort　③ sortons

(4) Tu (　　) quelqu'un ?

① attend　② attendez　③ attends

(5) Vous ne (　　) pas bien ?

① dorment　② dormez　③ dormons

(解説・解答 ▶ p.235)

3　例にならい、次の (1) ～ (4) において、それぞれ ① ～ ③ をすべて用いて、あたえられた日本語に対応する文を完成したときに、(　　) 内に入るのはどれですか。① ～ ③ のなかから 1 つずつ選び、解答欄のその番号にマークしてください。なお、① ～ ③ では、文頭にくるものも小文字にしてあります。
(配点　8)

例：私たちはパリの出身です。

Nous ______ (______) ______ .

① de　② Paris　③ sommes

Nous sommes (de) Paris .
　　③　①　②

となり、③ ① ② の順なので、(　　) 内に入るのは ①。

(1)　1 本の古い木があります。

Il y a _____ (_____) _____ .

① arbre　② un　③ vieil

(2)　彼らはイタリアに出発します。

Ils _____ (_____) _____ Italie.

① en　② partir　③ vont

(3)　切符は何枚いりますか。

_____ (_____) _____ voulez-vous ?

① billets　② combien　③ de

(4)　君はどんな音楽が好きなの。

_____ (_____) _____ -tu ?

① aimes　② musique　③ quelle

(解説・解答 ▶ p.236)

4　次の (1) ～ (4) に対する応答として適切なものを、それぞれ ①、② から選び、解答欄のその番号にマークしてください。(配点　8)

(1)　Il fait beau ?

① Non, il neige.
② Oui, il est neuf heures.

(2)　Qui est cette dame ?

① C’est la mère de Philippe.
② Elle est gentille.

(3)　Tu vas comment à l’université ?

① Au Japon.
② À vélo.

(4)　Vous mangez où ce soir ?

① Chez nous.
② Du poisson.

(解説・解答 ▶ p.238)

5　次の (1) ～ (4) において、日本語で示した**特徴を持たない語**を、それぞれ ① ～ ③ のなかから 1 つずつ選び、解答欄のその番号にマークしてください。(配点　8)

(1)　買いもの

① apprendre　② choisir　③ payer

(2)　公共施設

① gare　② hôpital　③ jambe

(3)　身体

① bateau　② bras　③ pied

(4)　食べもの

① bus　② fromage　③ pomme

(解説・解答 ▶ p.239)

6

次の (1) ～ (4) の絵に対応する文を、それぞれ ①、② から選び、解答欄のその番号にマークしてください。(配点 8)

(1)

① Elle est très fatiguée.

② Elle va très bien.

(2)

① Il écoute.

② Il n'écoute pas.

(3)

① Il y a un chat sous la chaise.

② Il y a un chat sur la chaise.

(4)

① J'achète des fleurs.

② Je vends des fleurs.

(解説・解答 ▶ p.240)

7　次の会話を読み、(1)～(4)に入れるのにもっとも適切なものを、それぞれ ① ～ ③ のなかから1つずつ選び、解答欄のその番号にマークしてください。(配点 8)

Takeshi : Manon, qu'est-ce que tu (1) ?
Manon : Moi, du vin rouge. Et toi, Takeshi ?
Takeshi : Moi, un jus de tomate.
Manon : (2) que tu as ? Tu ne bois pas de vin ?
Takeshi : (3), je ne peux pas. J'ai mal à la tête.
Manon : (4). Je comprends.

(1)	① entends	② lis	③ prends
(2)	① Comment est-ce	② Pourquoi est-ce	③ Qu'est-ce
(3)	① Non	② Oui	③ Si
(4)	① C'est gentil	② D'accord	③ De rien

(解説・解答 ▶ p.241)

聞き取り試験問題

聞き取り試験時間は、
16時00分から約15分間

注意事項

1　聞き取り試験は、CD・テープでおこないますので、CD・テープの指示にしたがってください。

2　解答はすべて筆記試験と同じ解答用紙の解答欄に、**HBまたはBの黒鉛筆**(シャープペンシルも可)でマークしてください。ボールペンや万年筆等でマークした解答は機械による読み取りの対象とならないため、採点されません。

1

- フランス語の文 (1) ～ (5) を、それぞれ3回ずつ聞いてください。
- (1) ～ (5) の文に対する応答として適切なものを、それぞれ ①、② から選び、解答欄のその番号にマークしてください。
（メモは自由にとってかまいません）（配点　10）

［音声を聞く順番］ ㊶→㊷

(1) ① À midi.
② Cinq ans.

(2) ① Au revoir.
② Avec plaisir.

(3) ① C'est ma mère.
② C'est un gâteau japonais.

(4) ① Ma sœur.
② Ma voiture.

(5) ① Oui, beaucoup.
② Oui, c'est à toi.

（解説・解答 ▶ p.243）

2

- フランス語の文 (1) ～ (5) を、それぞれ3回ずつ聞いてください。
- どの文にもかならず数が含まれています。例にならって、その数を解答欄にマークしてください。
  （メモは自由にとってかまいません）（配点　10）

［音声を聞く順番］ ㊸→㊹

(例)

・「7」と解答したい場合には、

●	①	②	③	④	⑤	⑥	⑦	⑧	⑨
⓪	①	②	③	④	⑤	⑥	●	⑧	⑨

とマークしてください。

・「15」と解答したい場合には、

⓪	●	②	③	④	⑤	⑥	⑦	⑧	⑨
⓪	①	②	③	④	●	⑥	⑦	⑧	⑨

とマークしてください。

(1)

(2)

(3)

(4)

(5)

（解説・解答 ▶ p.245）

3

- フランス語の文 (1) ～ (5) を、それぞれ3回ずつ聞いてください。
- それぞれの文にもっともふさわしい絵を、下の ① ～ ⑤ のなかから1つずつ選び、解答欄のその番号にマークしてください。ただし、同じものを複数回用いることはできません。
(メモは自由にとってかまいません)(配点　10)

[音声を聞く順番] ㊺→㊻

(1)

(2)

(3)

(4)

(5)

①

②

③

④

⑤

(解説・解答 ▶ p.246)

3級 春
3級 秋
4級 春
4級 秋
5級 春
5級 秋

4

- フランス語の文 (1) ～ (5) を、それぞれ 3 回ずつ聞いてください。
- (1) ～ (5) の文にふさわしい絵を、それぞれ ①、② から選び、解答欄のその番号にマークしてください。

(メモは自由にとってかまいません)(配点　10)

[音声を聞く順番]　㊼ → ㊽

(1)

① 

② 

(2)

① 

② 

(3)

① 

② 

(4)

① 

② 

(5)

① 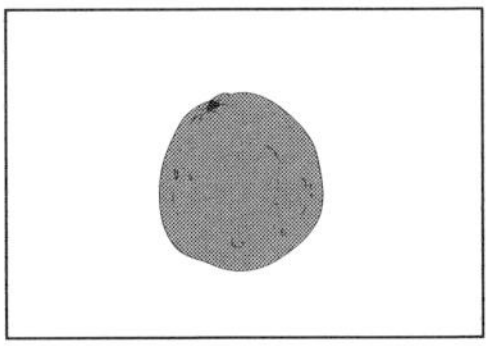

② 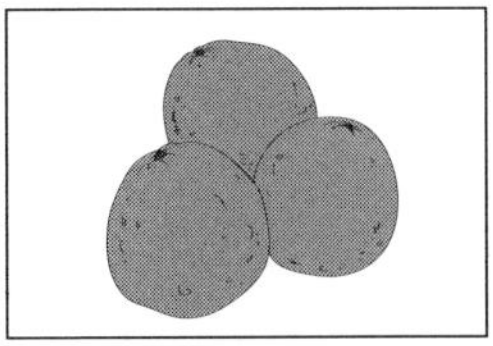

(解説・解答 ▶ p.248)

2019年度秋季5級

今季の出願者2,470名のうち受験者は2,284名。合格者は2,027名で、実受験者に対する合格率は89%でした。合格率は、2018年度秋期81%、2019年度春季84%でしたので、少し上昇しています。平均得点率は、筆記試験が79%、聞き取り試験が73%、全体では77%でした。全体の平均得点率についても、2018年秋季72%、2019年度春季74%ですから、やはり上昇傾向にあると言えます。聞き取り試験の平均得点率が筆記試験よりも低いのはここ3季ほどの傾向です。問われる部分は比較的明解で、範囲も限られていますので、十分に対策をして臨んでみてください。

出題内容のあらまし

[筆記]

1 冠詞、指示形容詞、所有形容詞（穴うめ・選択）
2 動詞活用（穴うめ・選択）
3 語順（語句の並べかえによる仏文完成・選択）
4 応答文（仏文選択）
5 語彙（選択）
6 対になる表現・語句（絵の内容に対応する仏文選択）
7 会話文（穴うめ・選択）

[聞き取り]

1 応答文（仏文選択）
2 数（マーク式による記入）
3 短文（仏文に対応する絵の選択）
4 男性・女性、単数・複数、肯定・否定の区別（仏文に対応する絵の選択）

筆記試験

解説・解答

1 **解説** 名詞と結びつく冠詞（不定冠詞、定冠詞、部分冠詞）と指示形容詞、所有形容詞に関する問題です。

(1) Elle aime (le) cinéma français.「彼女はフランス映画が好きです」

選択肢はすべて定冠詞です。① la は単数の女性名詞、② le は単数の男性名詞、③ les は男女の複数の名詞に対して用いられます。名詞 cinéma「映画」は語尾に s がついていないので、単数形であることがわかります。くわえて形容詞 français は単数の男性名詞あるいは複数の男性名詞につく形ですから、選ぶべき定冠詞は、単数の男性名詞につく le になります。正解は②le です。

得点率は 82%でした。

(2) J'ai (des) amis en France.「私はフランスに友だちがいます」

選択肢はすべて不定冠詞です。① des は男女の複数の名詞、② un は単数の男性名詞、③ une は単数の女性名詞に対して用いられます。名詞 ami「友人」は、女性の友人を表わす際には語尾に e がつきますが、ここでは s のみがついていますので男性複数形です。したがって正解は①des となります。

得点率は 78%でした。

(3) Je mange souvent (de la) viande.「私はよく肉を食べる」

選択肢①de は、直接目的語の前についた不定冠詞や部分冠詞が否定文になったときに用いられます。② de la は単数の女性名詞につく部分冠詞、③ des は複数の名詞につく不定冠詞です。名詞 viande「肉」は定形を持たない、数えられない名詞ですから、いくらかの量を表わす場合には部分冠詞をともないます。すると、この文は否定文でもありませんので、選ぶべき冠詞はおのずと de la のみとなります。正解は②de la です。

得点率は 85%でした。

(4) Marine habite avec (ses) grands-parents.「マリーヌは祖父母と暮らして

いる」

選択肢はすべて、「彼（彼女）の」の意味を表わす所有形容詞です。① sa は単数の女性名詞、② ses は男女にかかわらず複数の名詞、③ son は単数の男性名詞（および母音で始まる単数の女性名詞）に対してそれぞれ用いられます。名詞 grands-parents「祖父母」は、語尾に s がついていますから複数名詞であることがわかります。すると選ぶべき所有形容詞は、複数の名詞につく ses になります。正解は②ses です。所有形容詞は所有者 (Marine) ではなく、それがつく名詞 (grands-parents) の性・数にのみ一致することを確認しましょう。

得点率は 83％でした。

(5) (Ces) montres sont très chères.「これらの腕時計はとても高価だ」

選択肢はすべて指示形容詞です。① Ce は子音で始まる単数の男性名詞に対して（母音で始まる単数の男性名詞の場合は、Cet が用いられます）、② Ces は男女にかかわらず複数の名詞に、③ Cette は単数の女性名詞に対して、それぞれ用いられます。名詞 montres「腕時計」は語尾に s がついており、動詞も être の三人称複数の活用形、形容詞も cher の女性複数形ですから、選ぶべきは複数形の Ces になります。正解は②Ces です。

得点率は 85％でした。

問題[1]全体の得点率は 83％でした。

解答　(1) ②　(2) ①　(3) ②　(4) ②　(5) ②

2　解説　基本的な動詞の活用についての問題です。

(1) Elle (court) très vite.「彼女はとても速く走ります」

問われている動詞は、courir「走る」です。その現在形は〈je cours、tu cours、il / elle court、nous courons、vous courez、ils / elles courent〉と活用します。正解は③court です。

得点率は 81％でした。

(2) Ils (doivent) travailler aujourd'hui.「彼らはきょう働かなくてはならな

い」

問われている動詞は、devoir「～しなければならない」です。その現在形は〈je dois、tu dois、il / elle doit、nous devons、vous devez、ils / elles doivent〉と活用します。正解は③doivent です。

得点率は89%でした。

(3) Je (sors) avec mon chien.「私は犬と出かけます」

問われている動詞は sortir「出かける」です。その現在形は〈je sors、tu sors、il / elle sort、nous sortons、vous sortez、ils / elles sortent〉と活用します。正解は①sors です。sortir や partir「出発する」、dormir「眠る」といった動詞では単数人称の活用で語幹末の子音（それぞれ t、m）が消えます。確認しておきましょう。

得点率は82%でした。

(4) Tu (attends) quelqu'un ?「だれか待ってるの？」

問われている動詞は attendre「待つ」です。その現在形は〈j'attends、tu attends、il / elle attend、nous attendons、vous attendez、ils / elles attendent〉と活用します。正解は③attends です。

得点率は87%でした。

(5) Vous ne (dormez) pas bien ?「あなたはよく眠れないのですか」

問われている動詞は dormir「眠る」です。その現在形は〈je dors、tu dors、il / elle dort、nous dormons、vous dormez、ils / elles dorment〉と活用します。正解は②dormez です。

得点率は93%でした。

問題[2]全体の得点率は86%でした。

解答　(1) ③　(2) ③　(3) ①　(4) ③　(5) ②

3　**解説**　選択肢としてあたえられた語句を並べかえ、文を完成する問題です。

(1) 冒頭に非人称表現 il y a ...「～がある」が提示されていますので、このあとには名詞がつづきます。ポイントとなるのは③vieilです。これは形容詞vieux「古い」の男性第2形で、この語のあとには母音あるいは無音のhで始まる男性名詞がつづきます。したがって、③ vieilのあとには①arbreがきます。残る不定冠詞②unをその前におき、Il y a un (vieil) arbre. という文が完成します。正解は③vieilです。得点率が非常に低かった問題ですが、ほかにも男性第2形を持つ形容詞としてbeau「美しい」(男性第2形bel、女性形belle) やnouveau「新しい」(男性第2形nouvel、女性形nouvelle) などがよく使われます。

得点率は55%でした。

(2) 主語としてIlsがあたえられており、選択肢には③vont、すなわちallerの三人称複数の活用形がありますので、Ils vontがこの文の主語と動詞の組み合わせであることがわかります。② の動詞partir「出発する」は不定詞であたえられていますので、動詞allerと組み合わせるなら、〈aller＋動詞の不定詞〉で近接未来を表わすことに気づきます。すると残る①enはItalieの前におかれる前置詞です。こうしてIls vont (partir) en Italie. という文が完成します。正解は②partirです。国名と前置詞の関係について、原則として女性名詞の国名 (FranceやEspagneなど) には定冠詞はつかずen France、en Espagneとなり、男性名詞の国名 (JaponやÉtats-Unis、Canadaなど) の前には定冠詞がついて前置詞もàとなり、au Japon、aux États-Unisとなります。

得点率は87%でした。

(3) 数量をたずねる疑問詞Combienは、前置詞deを介して名詞とつながり、「いくつの／どのぐらいの量の〜」となることを覚えておきましょう。同様に〈beaucoup de ＋名詞〉で「多くの〜」、〈un peu de ＋名詞〉で「少しの〜」となります。こうしてCombien (de) billets voulez-vous ? という文が完成します。正解は③deです。動詞voulez (不定詞はvouloir「〜を望む、〜したい」) の活用も確認しておきましょう。

得点率は81%でした。

(4) 「どんな音楽」ですから、疑問詞としては③quelleを用います。quelの女性単数形です。② musique「音楽」がまさしく女性単数形の名詞ですから、quelle musiqueとつながります。また文末は-tu ?となっていますから、主語と動詞が倒置されていることがわかります。つまり最後の下線部には動詞①aimes（不定詞はaimer「愛する、好む」）が入ります。こうしてQuelle (musique) aimes-tu ? という文が完成します。正解は②musiqueです。

得点率は85%でした。

問題3全体の平均得点率は77%でした。

解答 (1) ③　(2) ②　(3) ③　(4) ②

4

解説 フランス語の質問を読み、2つの選択肢から適切な応答を選ぶ問題です。

(1) Il fait beau ?「晴れていますか」

非人称構文Il fait ... は天候を表わします。他に天候を尋ねる表現としてQuel temps fait-il ? もありますので、合わせて覚えておきましょう。対する答えは①Non, il neige.「いいえ、雪が降っています」が適切で、② Oui, il est neuf heures.「はい、9時です」ではまったく質問に答えられていません。正解は①Non, il neige. です。

得点率は89%でした。

(2) Qui est cette dame ?「このご婦人はどなたですか」

Quiは人を尋ねる疑問詞です。① C'est la mère de Philippe.「フィリップのお母様です」が適切な応答になります。② Elle est gentille.「彼女は親切です」では応答になりません。正解は①C'est la mère de Philippe. です。ちなみに、Elle est gentille. という答えをみちびく疑問文は、たとえばComment est-elle, cette dame ?「このご婦人はどんな方ですか」です。

得点率は87%でした。

(3) Tu vas comment à l'université ?「大学にはどうやって行ってるの」

commentで方法や手段を問う文です。② À vélo.「自転車で（行ってる）」が適切な応答になります。① Au Japon.「日本へ」では応答になりません。正解は②À vélo. です。ちなみに、Au Japon. の答えをみちびく疑問文は、たとえばOù vas-tu ?「どこへ行くの」です。またComment vas-tu ? のみで相手の調子を尋ねる表現もあります。その際の応答としてはJe vais bien, merci. などです。

得点率は84%でした。

(4) Vous mangez où ce soir ?「今晩はどこで食事するのですか」

où は場所を尋ねる疑問詞です。① Chez nous.「私たちの家で（食事します）」が適切な応答になります。② Du poisson.「お魚を（いただきます）」では応答になりません。正解は①Chez nous. です。Du poisson. をみちびく疑問文は、たとえばQu'est-ce que vous mangez ce soir ?「今晩は何を食べるのですか」です。

得点率は72%でした。

問題4全体の得点率は83%でした。

解答 (1) ①　(2) ①　(3) ②　(4) ①

5

解説 日本語の指示にしたがい、選択肢のなかから適切な語を選ぶ問題です。

(1) 3つの選択肢の意味は、それぞれ①apprendre「学ぶ」、② choisir「選ぶ」、③ payer「（金を）支払う」です。「買いもの」と直接の関係がない語はapprendreですから、正解は①apprendre「学ぶ」です。問題5の中では得点率が一番低い問題でしたが、いずれも重要な基本単語です。しっかりと覚えておきましょう。

得点率は66%でした。

(2) 3つの選択肢の意味は、それぞれ①gare「駅」、② hôpital「病院」、③ jambe「脚」です。「公共施設」でないものはjambeですから、正解は③ jambe「脚」です。公共施設を表わす語は、ほかにmusée「美術館、博物館」やposte「郵便局」などがあります。合わせて確認しておきましょう。

得点率は91%でした。

(3) 3つの選択肢の意味は、それぞれ①bateau「船」、② bras「腕」、③ pied「足」です。「身体」と関係のないものはbateauですから、正解は①bateau「船」です。

得点率は69%でした。

(4) 3つの選択肢の意味は、それぞれ①bus「バス」、② fromage「チーズ」、③ pomme「リンゴ」です。「食べもの」を表わさないのはbusです。正解は①bus「バス」となります。もっとも得点率の高い問題でした。
得点率は96%でした。

問題5全体の得点率は80%でした。
解答 (1) ①　(2) ③　(3) ①　(4) ①

6 解説 イラストと一致する文を選ぶ問題です。

(1) ひとりの女性がソファーの上にぐったりと横たわっているイラストです。① Elle est très fatiguée. は「彼女はとても疲れている」、② Elle va très bien. は「彼女はとても調子がよい」です。このイラストに女性の調子が良いという要素は見当たりません。したがって正解は①Elle est très fatiguée. です。
得点率は93%でした。

(2) ホワイトボードを背に何かを話している女性に対して、男性は居眠りをしているイラストです。① Il écoute. は「彼は聞いている」、② Il n'écoute pas. は「彼は聞いていない」です。それぞれ動詞 écouter「聞く」を用いた肯定文と否定文ですが、このように居眠りをしていては聞けません。正解は②Il n'écoute pas. です。
得点率88%でした。

(3) いすの下に一匹の猫が丸くなって眠っているイラストです。① Il y a un chat sous la chaise. は「いすの下に猫が1匹います」、② Il y a un chat sur la chaise. は「いすの上に猫が1匹います」です。前置詞 sous「～の下に」と sur「～の上に」の意味を知っていることがポイントになります。正解は①Il y a un chat sous la chaise. です。前置詞は語としては短いものの、しばしば多くの意味をもちます。この選択肢のように対義語でセットにするなどして覚えていきましょう。

得点率は77%でした。

(4) 花屋で女性が花束を作っているイラストです。① J'achète des fleurs. は「私は花を買います」、② Je vends des fleurs. は「私は花を売っています」です。花屋で花束を作るこの女性は、その服装からも客と判断する要素が見当たりませんので、正解は② Je vends des fleurs. です。

得点率は70%でした。

問題6全体の得点率は82%でした。

解答 (1) ① (2) ② (3) ① (4) ②

7 **解説** 会話文を読み、空欄に適切な語をおぎなう問題です。動詞や形容詞、疑問詞やそれに対する応答などが問われます。

カフェあるいはレストランでのタケシとマノンの対話です。

(1) Manon, qu'est-ce que tu (1) ?「マノン、君は何を（ 1 ）」とタケシがマノンに質問をします。選択肢を見ると、① entends「聞こえる」、② lis「読む」、③ prends「とる」があります。マノンの返答を見ると、Moi, du vin rouge. Et toi, Takeshi ?「私は赤ワイン。タケシ、あなたは？」となっており、対するタケシは Moi, un jus de tomate.「ぼくはトマトジュース」と答えていますから、飲みものに何を注文するかを尋ねていたことがわかります。正解は③ prends です。

得点率は79%でした。

(2) マノンが、(2) que tu as ? Tu ne bois pas de vin ?「あなたは（ 2 ）？ワインを飲まないの？」と尋ねています。選択肢を見ると、① Comment est-ce「どんなふうに〜」、② Pourquoi est-ce「どうして〜」、③ Qu'est-ce「何を〜」の疑問表現が並んでいます。一見② Pourquoi est-ce「どうして〜」があてはまりそうに思えるのですが、その場合 tu as に目的語が欠けてしまうことになり、ここでは意味が通じません。これは① Comment est-ce「どんなふうに〜」の場合でも同様です。したがって動詞 avoir の目的語を尋ねるかたちの③ Qu'est-ce「何を〜」しか入りません。ここでの Qu'est-ce que tu as ? は「何を持っているの」ではなく「どうしたの」という意味になります。得点率が極端に低かった問題ですが、この表現 Qu'est-ce que tu as ? は日常会話でもよく使いますので、ぜひ覚えておきましょう。正解は③Qu'est-ce です。

得点率は27%でした。

(3) (Qu'est-ce) que tu as ? Tu ne bois pas de vin ?「どうしたの。ワインを飲まないの？」と聞くマノンにタケシは、(3), je ne peux pas. J'ai mal à la tête.「(3)、飲めないんだ。頭が痛いんだよ」と答えています。まず問いかけが否定疑問であることに注意しましょう。答えの内容が否定であるときには Non で答え、肯定の内容である時には Oui ではなく、Si を用います。選択肢を見ると、① Non「うん（飲めないんだ）」、② Oui（否定疑問に対しては使えません）、③ Si「いや（飲めるんだ）」が並んでいますが、つづく文は je ne peux pas. と否定ですから、① Non が適切な答えとなります。Non, je ne peux pas. J'ai mal à la tête.「うん、飲めないんだ。頭が痛いんだよ」ですね。日本語の「はい／いいえ」とは逆になるわけです。正解は①Non です。

得点率は60%でした。

(4) タケシの (Non), je ne peux pas. J'ai mal à la tête.「うん、飲めないんだ。頭が痛いんだよ」に対し、マノンは、(4), Je comprends.「(4)、わかるわ（なるほど）」と答えています。(4) に入れるべき表現として選択肢には、① C'est gentil「ご親切にありがとう」、② D'accord「わかった／了解」、③ De rien「どういたしまして」が並んでいます。ここでは D'accord「わかった／了解」以外は返答として成立しません。正解は②D'accord です。

得点率は76%でした。

問題7全体の得点率は60%でした。

解答　(1) ③　(2) ③　(3) ①　(4) ②

聞き取り試験

解説・解答

1

（読まれる質問）

(1) Elle a quel âge ?

(2) Tu veux de l'eau ?

(3) Qu'est-ce que c'est ?

(4) Tu voyages avec qui ?

(5) Vous avez faim ?

解 説 フランス語の文(1)〜(5)を聞き取り、その応答として適切なものを選ぶ問題です。

(1) Elle a quel âge ?「彼女は何歳なの」

ポイントになるのは quel âge [kɛlɑːʒ ケラージュ] です。この表現が聞き取れれば、「何歳」が問われていることがわかります。選択肢を見ると、① À midi.「正午に」と ② Cinq ans.「5歳」があり、正解はもちろん ② Cinq ans. です。À midi. が答えになる疑問文は、たとえば Tu viens quand ?「いつ来るの」などです。

得点率は72%でした。

(2) Tu veux de l'eau ?「お水はいかが」

この疑問文では、de l'eau [d(ə) lo ドゥロ] すなわち「お水」が聞き取れるかどうかです。得点率が意外と低かったのは、eau という単語を単独では知っていても、部分冠詞がついた状態での発音になじみがなかったからでしょうか。文中で名詞は多くの場合冠詞をともなって出てきます。覚える際にも冠詞をつけた状態で覚えてください。Tu veux [ty vø テュヴ] は vouloir「～が欲しい、～したい」の 2 人称単数の活用形です。選択肢を見ると、① Au revoir.「さようなら」と ② Avec plaisir.「喜んで（いただきます）」がありますが、正解は ② Avec plaisir. です。

得点率は 54%でした。

(3) Qu'est-ce que c'est ?「これは何ですか」

Qu'est-ce que c'est ? は何であるかわからないものを尋ねる時の定型表現です。選択肢を見ると、① C'est ma mère.「こちらは私の母です」と ② C'est un gâteau japonais.「これは日本のお菓子です」があります。あくまで「もの」を尋ねる表現ですから、正解は ② C'est un gâteau japonais. です。C'est ma mère. が答えになる疑問文は、人を尋ねる疑問詞 Qui を使って、Qui est-ce ?「こちらはどなたですか」などが考えられます。

得点率は 78%でした。

(4) Tu voyages avec qui ?「君はだれと旅行するの」

選択肢を見ると、① Ma sœur.「姉（妹）です」と ② Ma voiture.「私の車です」があります。avec qui「だれと」と尋ねているのですから、当然正解は ① Ma sœur. です。人を尋ねる疑問詞 qui は、前置詞を伴うことがあります。このような表現も覚えておきましょう。

得点率は 82%でした。

(5) Vous avez faim ?「お腹はすいていますか」

avoir faim は、「空腹である」を意味します。選択肢を見ると、① Oui, beaucoup.「はい、とても」と ② Oui, c'est à toi.「うん、これは君のだよ」があり、② では意味が通じませんので、正解は ① Oui, beaucoup. となります。avoir を用いた表現は他に、avoir soif「のどが渇いている」、avoir chaud「暑い」、avoir froid「寒い」、あるいは筆記 7 でも出てきたように、avoir mal à ...「～が痛い」などいろいろとあります。会話でもよく使われますので、確認しておきましょう。

得点率は 76%でした。

問題 1 全体の得点率は 73%でした。

解答 (1) ② (2) ② (3) ② (4) ① (5) ①

2

(読まれる文)

(1) Ça coûte quinze euros.

(2) Deux places pour demain, s'il vous plaît.

(3) Il est déjà six heures.

(4) Ils ont sept enfants.

(5) Où est la salle quatorze ?

解説 フランス語の文(1)~(5)にふくまれる数を聞き取る問題です。

(1) Ça coûte quinze euros.「(合計で) 15ユーロです」

正解は15です。quinze は [kɛ̃ːz カーンズ] と発音します。つぎに母音で始まる euros [øro ウろ] がくるので、quinze の語末の音 [z ズ] と euros の語頭の母音をひとつづきで発音します。quinze euros は [kɛ̃ːzøro カーンズゥろ] と発音されています。なお、ça coûte は「合計でいくら」という意味になります。

得点率は61%でした。

(2) Deux places pour demain, s'il vous plaît.「あしたの公演分を2席、お願いします」

正解は02です。劇場の公演などの席を予約する際の表現です。deux と places はリエゾンもアンシェヌマンもしませんので、聞こえてきた通り deux [dø ドゥー] を聞き取りましょう。

得点率は81%でした。

(3) Il est déjà six heures.「もう6時です」

正解は06です。six は単独では [sis スィス] と発音されます。six の語末

の [s] とつづく heures [œːr ウーる] をつなげて読む際、語末の [s] は母音（ここでは一方は無音の h）にはさまれることで、発音が [z] となり、[sizœːr スィズーる] となります。「〜時」を表わす heure(s) は無音の h で始まるため、かならず数字とつなげて読むことになります。注意しましょう。

得点率は 51%でした。

(4) Ils ont sept enfants.「彼らには子どもが 7 人います」

正解は 07 です。sept は [sɛt セット] と発音します。続く語 enfants「子どもたち」は母音で始まっていますから、sept enfants は [sɛtɑ̃fɑ̃ セタンファン] となります。

得点率は 77%でした。

(5) Où est la salle quatorze ?「14 号室はどこですか」

正解は 14 です。quatorze は [katɔrz カトるズ] と発音します。この文では quatorze のあとには何も語がありませんので、数字を聞き取るだけです。

得点率は 73%でした。

問題2全体の得点率は 69%でした。

解答 (1) 15　(2) 02　(3) 06　(4) 07　(5) 14

3

（読まれる文）

(1) Il fait froid !

(2) Il y a quelqu'un ici ?

(3) À table !

(4) Allô, c'est Nathalie.

(5) J'ai très soif !

解説 フランス語の文(1)〜(5)を聞き取り、その内容に対応する場面を 5 つのイラストから選ぶ問題です。

(1) Il fait froid !「寒い」

女性がコートの襟を立てて、雪の降る中を立っている② のイラストが正解です。Il fait は天候を表わす非人称表現です。

得点率は77%でした。

(2) Il y a quelqu'un ici ?「ここにはだれかいますか」

女性が人のいない座席を指さしている④ のイラストが正解です。quelqu'un「だれか」、quelque chose「何か」はセットで覚えておきましょう。

得点率は86%でした。

(3) À table !「食卓にどうぞ（ごはんですよ）」

食事を始める際の定型表現の1つです。準備のできた食卓の前で、女性がだれかに呼びかけている⑤のイラストが正解です。

得点率は87%でした。

(4) Allô, c'est Nathalie.「もしもし、ナタリーです」

Allô は「もしもし」の意味ですから、受話器を手に電話している女性のイラスト③が正解です。

得点率は89%でした。

(5) J'ai très soif !「すごくのどが渇いた」

女性が汗をかきながらペットボトルの飲みものを飲んでいる①のイラストが正解です。聞き取り問題[1]の(5)でも avoir を用いた表現が出てきていましたね。よく出題される表現ですので、注意しておきましょう。

得点率は81%でした。

問題[3]全体の得点率は84%でした。

解答 (1) ② (2) ④ (3) ⑤ (4) ③ (5) ①

4

（読まれる文）

(1)　Regardez cet hôtel.

(2)　Tu es content.

(3)　Ce sont des étudiants.

(4)　Elles sortent de la poste.

(5)　Il y a une orange.

解説　フランス語の文を聞き取り、2枚の絵から、それぞれの文の内容に合うものを選ぶ問題です。冠詞や形容詞、動詞の活用語尾などの音声を手がかりに、男性形と女性形、単数形と複数形、肯定と否定のちがいを聞き取ります。

(1)　Regardez cet hôtel.「このホテルを見てください」

イラスト①にはホテルが1軒、イラスト②にはホテルが2軒あります。読み上げられる文でホテルが単数か複数かを判断できるのは指示形容詞の部分です。hôtel「ホテル」は男性名詞ですが、無音のhで始まる単語ですので、単数であればcet hôtel [sɛtɔtɛl セトテル]（「このホテル」）、複数であればces hôtels [sezɔtɛl セゾテル]（「これらのホテル」）とそれぞれつなげて読まれます。ここではcet hôtelですので、ホテルが1軒のイラストを指すことになります。正解は①です。もしhôtelの性がわからなくても、名詞が複数の場合は男性女性にかかわりなく指示形容詞はces [se セ]になりますから、hôtelとつなげて読む際の[z]の音から判断できます。

得点率は61%でした。

(2)　Tu es content.「君はうれしそうだね」

イラスト①にはプレゼントをかかえた女の子がひとり、イラスト②にはプレゼントをかかえた男の子がひとり描かれています。読まれる設問文の主語はtuですので、形容詞の音声を聞き分けてtuが女性か男性かを判断します。ここで主語に対して補語としてかかる形容詞 content [kɔ̃tɑ̃ コンタン]（「満足した、うれしい」）は、語尾の子音 t が読まれていませんので、男性形であることがわかります。もし女性であれば contente [kɔ̃tɑ̃t コンタント] となります。正解は ② です。

得点率は 76%でした。

(**3**) Ce sont des étudiants.「こちらの方々は学生です」

イラスト ① には若い男性と女性がひとりずつ、イラスト ② には若い女性が 2 人見えます。ともに複数ですが、男性と女性の両方が含まれる場合は男性複数、女性のみの場合は女性複数となります。したがって聞き分けるポイントは étudiant「学生」の語末です。男性複数であれば étudiants [etydjɑ̃ エテュディヤン]、女性複数であれば étudiantes [etydjɑ̃t エテュディヤント] となります。正解は ① です。

得点率は 58%でした。

(**4**) Elles sortent de la poste.「彼女たちは郵便局から出てきます」

イラスト ① には郵便局から出てくる女性がひとり、イラスト ② には郵便局から出てくる女性が 2 人描かれています。主語が単数か複数かを判断する問題です。読まれる設問文の主語の音 [ɛl] からだけでは、単数の Elle か複数の Elles かは判断できません。この場合、動詞の sortent [sɔrt ソルト] が、動詞 sortir「出る」の 3 人称複数の活用形であることに気づく必要があります。主語は複数ですから、正解は ② です。4 の中で得点率の一番低い問題でした。イラスト ① ならば、Elle sort de la poste. [ɛlsɔːrdəlapɔst エルソーるドゥラポスト] になります。

得点率は 51%でした。

(**5**) Il y a une orange.「オレンジが 1 つあります」

イラスト ① にはオレンジが 1 つ、イラスト ② にはオレンジが 3 つ見えます。オレンジが単数か複数かを聞き分ける問題ですが、単数であれば une orange [ynɔrɑ̃ʒ ユノらンジュ]、複数であれば des oranges [dezɔrɑ̃ʒ デゾらンジュ] と発音されます。正解は ① です。

得点率は 91%でした。

問題[4]全体の平均得点率は68%でした。

解答　(1) ①　(2) ②　(3) ①　(4) ②　(5) ①

配点表

問題番号	筆記試験	[1]	[2]	[3]	[4]	[5]	[6]	[7]	小計	聞き取り	[1]	[2]	[3]	[4]	小計	合計
点		10	10	8	8	8	8	8	60		10	10	10	10	40	100

学校別受験者数一覧

2019年度春季　＜大学・短大別出願状況＞

出願者数合計が10名以上の学校を抜粋しました（50音順）。

	学校名	合計		学校名	合計		学校名	合計
団体	愛知県立大学	39	団体	神戸大学	14	団体	獨協大学	65
	愛知大学	36	団体	國學院大學	12	団体	富山大学	24
団体	青山学院大学	78	団体	国際教養大学	38	団体	長崎外国語大学	65
団体	跡見学園女子大学	23	団体	駒澤大学	13		長崎大学	22
団体	茨城キリスト教大学	11		首都大学東京	28	団体	名古屋外国語大学	37
	岩手大学	15	団体	順天堂大学	11		名古屋学院大学	10
団体	宇都宮大学	10	団体	上智大学	85		名古屋大学	10
団体	大阪大学	64	団体	昭和女子大学	23	団体	奈良女子大学	13
	岡山大学	13	団体	白百合女子大学	94	団体	南山大学	42
団体	沖縄国際大学	11	団体	信州大学	10		新潟大学	19
団体	お茶の水女子大学	36	団体	椙山女学園大学	21		日本女子大学	17
	香川大学	16	団体	成城大学	62	団体	日本大学	79
団体	学習院大学	55	団体	聖心女子大学	17	団体	広島大学	12
団体	鹿児島純心女子短期大学	12	団体	西南学院大学	31	団体	フェリス女学院大学	25
団体	鹿児島大学	47	団体	創価大学	16	団体	福岡大学	28
団体	神奈川大学	13		大東文化大学	26	団体	法政大学	47
団体	金沢大学	26	団体	拓殖大学	90		松山大学	11
	関西大学	42	団体	千葉大学	60	団体	武庫川女子大学	41
	関西学院大学	72	団体	中央大学	91	団体	武蔵大学	46
団体	九州大学	12		中京大学	23	団体	武蔵野美術大学	33
団体	京都外国語大学	73		筑波大学	11	団体	明治学院大学	63
団体	京都産業大学	75		津田塾大学	22	団体	明治大学	150
団体	京都女子大学	13	団体	東海大学	39		名城大学	19
団体	京都大学	29		東京外国語大学	13	団体	桃山学院大学	11
団体	共立女子大学	22		東京大学	67	団体	山形大学	92
団体	金城学院大学	51		同志社大学	24	団体	立教大学	74
団体	群馬県立女子大学	18	団体	東北学院大学	13	団体	立命館大学	61
団体	慶應義塾大学	248		東北大学	57	団体	龍谷大学	12
団体	甲南大学	13		東洋大学	36	団体	早稲田大学	104

2019年度春季　＜小・中・高校・専門学校別出願状況＞

出願者数合計が5名以上の学校を抜粋しました（50音順）。

	学校名	合計		学校名	合計		学校名	合計
団体	アサンプション国際中学校・高等学校	15	団体	暁星中学・高等学校	29	団体	大阪府立千里高等学校	8
団体	埼玉県立伊奈学園総合高等学校	46	団体	啓明学園中学校・高等学校	12	団体	東京女子学院中学校高等学校	6
団体	大妻中野中学校・高等学校	53	団体	神戸海星女子学院中学・高等学校	11	団体	日本外国語専門学校	25
	学習院女子中・高等科	13	団体	兵庫県立国際高等学校	5	団体	福島県立福島南高等学校	25
	埼玉県立春日部女子高等学校	5	団体	岩手県立不来方高等学校	8	団体	雙葉中学校・高等学校	8
団体	カリタス女子中学高等学校	145	団体	白百合学園中学高等学校	81	団体	神奈川県立横浜国際高等学校	38
	神田外語学院	9	団体	聖ウルスラ学院英智高等学校	61	団体	立命館宇治中学校・高等学校	32
	暁星国際小学校	10	団体	聖ドミニコ学園中学高等学校	20	団体	早稲田大学高等学院	12

2019 年度秋季　<大学・短大別出願状況>

出願者数合計が 10 名以上の学校を抜粋しました（50 音順）。

	学校名	合計		学校名	合計		学校名	合計
団体	愛知県立大学	55	団体	国際教養大学	31	団体	富山大学	19
	愛知大学	22	団体	駒澤大学	19	団体	長崎外国語大学	28
団体	青山学院大学	156		島根大学	18		長崎大学	21
団体	秋田大学	13		首都大学東京	16	団体	名古屋外国語大学	74
団体	亜細亜大学	130	団体	順天堂大学	91		名古屋学院大学	16
団体	跡見学園女子大学	34	団体	上智大学	109	団体	奈良女子大学	16
団体	茨城キリスト教大学	70	団体	昭和女子大学	20	団体	南山大学	79
	岩手大学	19	団体	白百合女子大学	124		新潟大学	30
団体	宇都宮大学	21	団体	信州大学	16		日本女子大学	38
団体	愛媛大学	11	団体	椙山女学園大学	31	団体	日本大学	216
団体	大阪教育大学	24	団体	成城大学	162	団体	広島修道大学	13
団体	大阪大学	116	団体	聖心女子大学	32		広島市立大学	12
団体	大妻女子大学	13	団体	西南学院大学	44	団体	広島大学	14
	岡山大学	13		専修大学	17	団体	フェリス女学院大学	27
団体	沖縄国際大学	12		大東文化大学	12	団体	福岡大学	63
	小樽商科大学	13	団体	拓殖大学	246		文教大学	21
団体	お茶の水女子大学	40	団体	千葉大学	35	団体	法政大学	64
団体	学習院大学	175	団体	中央大学	92		北星学園大学	14
団体	鹿児島純心女子短期大学	12		中京大学	27		北海道大学	20
団体	神奈川大学	11		筑波大学	22		松山大学	17
団体	金沢大学	36		津田塾大学	33	団体	武庫川女子大学	243
	関西大学	53	団体	帝京大学	23	団体	武蔵大学	59
	関西学院大学	78	団体	東海大学	68	団体	武蔵野大学	13
団体	神田外語大学	10		東京外国語大学	22	団体	武蔵野美術大学	28
団体	九州大学	49		東京藝術大学	10	団体	明治学院大学	79
団体	京都外国語大学	85		東京大学	50	団体	明治大学	252
団体	京都産業大学	74		東京理科大学	14		名城大学	26
団体	京都女子大学	20	団体	同志社女子大学	11	団体	桃山学院大学	18
団体	京都大学	23		同志社大学	37	団体	山形大学	71
団体	共立女子大学	46	団体	東北学院大学	18		横浜国立大学	27
	近畿大学	24		東北大学	125	団体	立教大学	214
団体	金城学院大学	72	団体	東洋英和女学院大学	20	団体	立命館大学	81
団体	慶應義塾大学	443		東洋大学	93	団体	龍谷大学	10
団体	甲南大学	25		徳島大学	13	団体	早稲田大学	192
	神戸女学院大学	21	団体	常葉大学	42			
団体	神戸大学	20	団体	獨協大学	76			

2019 年度秋季　<小・中・高校・専門学校別出願状況>

出願者数合計が 5 名以上の学校を抜粋しました（50 音順）。

	学校名	合計		学校名	合計		学校名	合計
団体	アサンプション国際中学校・高等学校	17	団体	暁星中学・高等学校	27	団体	東京女子学院中学校高等学校	7
団体	埼玉県立伊奈学園総合高等学校	34	団体	慶應義塾高等学校	8	団体	同志社国際中学校・高等学校	5
団体	東京都立桜修館中等教育学校	5		慶應義塾女子高等学校	5	団体	日本外国語専門学校	37
団体	大妻中野中学校・高等学校	123	団体	神戸海星女子学院中学・高等学校	49		日本女子大学附属中学校・高等学校	5
団体	小林聖心女子学院高等学校	6		神戸国際中学校・高等学校	5	団体	東京都立日比谷高等学校	16
	学習院女子中・高等科	12		埼玉県立越谷南高等学校	5	団体	雙葉中学校・高等学校	12
	埼玉県立春日部女子高等学校	5	団体	岩手県立不来方高等学校	5	団体	東京都立三田高等学校	12
団体	神奈川県立神奈川総合高等学校	5	団体	大阪市立咲くやこの花高等学校	6	団体	武蔵高等学校	5
団体	カリタス小学校	45	団体	湘南白百合学園中学・高等学校	12	団体	明治大学付属中野八王子中学校・高等学校	5
団体	カリタス女子中学高等学校	93	団体	白百合学園中学高等学校	196	団体	神奈川県立横浜国際高等学校	18
	神田外語学院	17	団体	聖ウルスラ学院英智高等学校	46	団体	早稲田大学高等学院	142
団体	東京都立北園高等学校	17	団体	聖ドミニコ学園中学高等学校	31			

文部科学省後援

実用フランス語技能検定試験

2020 年度版 3 級・4 級・5 級

仏検公式ガイドブック

（CD 付）

定価（本体 2,300 円＋税）

2020 年 4 月10日 発行

編　者
発行者　公益財団法人　フランス語教育振興協会

発行所　公益財団法人　**フランス語教育振興協会**
〒102-0073 東京都千代田区九段北 1-8-1 九段101ビル 6F
電話（03）3230-1603　FAX（03）3239-3157
http://www.apefdapf.org

発売所　（株）**駿　河　台　出　版　社**
〒101-0062 東京都千代田区神田駿河台 3-7
振替口座 00190-3-56669番
電話（03）3291-1676（代）　FAX（03）3291-1675
http://www.e-surugadai.com

ISBN978-4-411-90293-1　C0085　￥2300E